Sabine Wieczorek

Gangpferde

Rassen · Reitweisen · Ausbildung

Die Deutsche Bibliothek – CIP-Einheitsaufnahme

Sabine Wieczorek

Gangpferde: Rassen, Reitweisen, Ausbildung / Sabine
Wieczorek. – München ; Wien ; Zürich : BLV, 2000
   (BLV Pferdepraxis)
   ISBN 3-405-15515-0

Bildnachweis
Alle Fotos: Christiane Slawik

Illustrationen: Kerstin Diacont

Umschlagfoto: Christiane Slawik
Umschlaggestaltung: Werbeagentur Joko Sander, München
Layout und Satz: Kerstin Diacont
Herstellung: Manfred Sinicki

BLV Verlagsgesellschaft mbH München Wien Zürich
80797 München

© 2000 BLV Verlagsgesellschaft mbH, München

Gesamtherstellung: Neue Stalling, Oldenburg
Lithos: Lanarepro, Lana (Südtirol)
Gedruckt auf chlorfrei gebleichtem Papier

Printed in Germany · ISBN 3-405-15515-0

Sabine Wieczorek

Gangpferde

Rassen • Gangpferde • Ausbildung

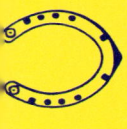

Seite
06

Das Gangpferd
Einleitung

Seite
12

Kleine
Rassekunde

Seite
28

Viele Rassen –
eine Reitweise?
Gemeinsamkeiten
Frühreif oder spätreif?
Der Gangpferdereiter
Traditionen
Freizeitpartner Pferd

Seite
44

Mind-Walking
...für den fühlenden Reiter

Seite
54

Grundtraining aller Gangpferd

Bodentraining
Longieren
Dominieren
Gymnastizieren
Das verdorbene Pferd

Seite
78

Spezielles für Spezialisten

Rassetypische Ausrüstung
Umgang mit speziellem Zubehör

Seite
100

Klarer Viertakt...

Natürlich
Kultiviert
Manipuliert

Seite
106

Einsatzbereiche des Gangpferdes

Die ethischen Grundsätze

Seite
110

Richtlinien für Pferdefreunde

Das Gangpferd

Einleitung

Gangpferde weisen als Besonderheit neben den drei Grundgangarten Schritt, Trab und Galopp mindestens eine weitere vierte und eventuell sogar eine fünfte Gangart auf.

Die Wunschvorstellung vieler Menschen, die die Liebe zum Gangpferd entdecken, ist aber zumeist die vierte Gangart, der Tölt.

Paso Fino-Hengst J. R. Pavo Dos

TÖLT

Teilweise wird bei einigen Gangpferden der Trab komplett durch
den Tölt ersetzt. Diese Gangart
kann bei den verschiedenen
Gangpferderassen je nach Herkunftsland einen anderen Namen
tragen und wird auch rassespezi-
fisch recht unterschiedlich gegangen. Gemeinsam ist allen Gangpferderassen in dieser vierten
Gangart jedoch ein Viertakt, bei
dem sich immer mindestens ein
Bein am Boden befindet. Somit
entfällt die Sprungphase, die wir
vom Trab kennen, und der Reiter
wird erschütterungsfrei getragen.
Unbedingt ist die Gangart Tölt bei
den Gangpferderassen genetisch
veranlagt, was uns bereits Fohlen
beweisen, die diese Gangart in
den ersten Tagen ihres Lebens zeigen. So ist die Qualität des Tölts in
der Zuchtauswahl von Gangpferden, neben anderen Schwerpunkten, eines der wichtigsten
Kriterien. Der Paß stellt die mögli-
che fünfte Gangart dar und wird
meist im Renntempo geritten. Es
handelt sich um eine Bewegungs
art, bei der sich die Hufe der einen
Pferdeseite gleichzeitig abdrücken
und nach einer Sprungphase wieder Bodenkontakt bekommen
(Lateralbewegung). „Fünfgänger"
kann aber z.B. in den USA auch
bedeuten, dass das Pferd keinen

Paß, sondern „Slow Gait", einen
langsamen, zum Paß verschobe-
nen Tölt geht. Das Gangpferd ist
also ein durch sein genetisches
Potential überaus bewegungsbe-
gabter Begleiter des Menschen.
Vor allem der Tölt, der seinem
Reiter ein höchstes Maß an Reit
komfort bietet, ist ein Geschenk
dieser Pferde an uns. Vielleicht ist
das der Grund dafür, dass 75 %
aller Pferderassen der Welt mehr-
gängig, also Gangpferde sind.

Wie der Tölt entstand und fast wieder verschwand

Seit Jahrtausenden schätzt der
Mensch Pferde mit der Gangart
Tölt. Aufzeichnungen über töltende Pferde gibt es in fast jeder
Epoche und rund um den Erdball
von China über Südrussland,
Spanien, Türkei, Afrika, Südamerika usw. Es gibt auch frühe
europäische Belege für töltende

Pferde. In Deutschland, im fränkischen Raum, sollen im 14. Jahrhundert töltende Pferde gezüchtet worden sein. Im 16./17. Jahrhundert rühmte man die spanischen Genetten, die den sogenannten Amble (Tölt) gingen. Sogar bevor der Mensch je ein Pferd domestizierte, gab es erwiesenermaßen (nach Renders) den Tölt beim Urpferd Hipparion in Afrika vor bereits 3,5 Millionen Jahren. Berühmte Zeitgenossen, wie Marco Polo oder Landes-fürsten und Edelleute des Mittel-

alters, Falkner, südamerikanische Hazienderos oder Menschen, die mit dem Pferd Vieh hüten mussten, sie alle bevorzugten das Gangpferd, das sie komfortabel wie kein anderes Reittier über lange Strecken reisen ließ. Vom widerstandsfähigen Mongolenpferd bis zum iberisch geprägten spektakulären Tölter züchtete der Mensch das töltende Pferd auf Weichheit der Gänge, Widerstandsfähigkeit und legte auch Wert auf einen freundlichen, arbeitswilligen Charakter. So ent-

stand gerade zwischen dem Gangpferd und dem Menschen eine besondere Verbundenheit. Man hat fast den Eindruck, die einzelnen Gangpferderassen sind ein bisschen wie die Menschen, die sie gezüchtet haben. Der kühle nordische Ponytyp ist ein wenig wie seine Züchter und der heißblütige Südländer scheint genauso Spaß am Tanz zu haben wie die Menschen, die ihn gemacht haben. Mit dem Wachstum des Handels, den Fuhrwerken, der Motorisierung und dem Ausbau

des Schienennetzes verlor das Gangpferd schließlich dann aber an Bedeutung. Auch das Militär zog Pferde vor, die durch mächtigen Trab in Formation geritten, dem Gegner Respekt einflößten und die ihre Stärke in schnellen Galoppaden hatten (Angriff).

... und es töltet doch!

Wo weniger Technisierung Einzug hielt oder keine kriegerischen Absichten im Vordergrund stan-

den, wurde der Tölt erhalten. Aber selbst dort, wo durch züchterische Aktivität der Tölt eliminiert wurde, ist heute wieder vereinzelt die Veranlagung zur vierten Gangart sichtbar. So finden wir immer wieder auch bei nicht typischen Gangpferderassen wie Warmblütern, Arabern, Welsh-Ponys, Iberischen Pferden usw. töltveranlagte Individuen. So war es zum Beispiel möglich, dass im Herbst 1998 ein Lusitano-Hengst Gangpferd des Jahres wurde.

Isländer.

Tölt bei Dreigangrassen - ein „Tuningprodukt"?

Entgegen der Meinung vieler Skeptiker, Tölt sei eine unnatürliche, äußerst seltene Bewegungsvariante des Pferdes, scheint es fast so, als sei ein dreigängiges Pferd um eine wunderbare Bewegung aus Gründen fragwürdigem menschlichen Fortschritts beraubt worden. Aber aus diesem Schein eine Aussage formulieren zu wollen, wäre ebenso intolerant wie die Behauptung unserer Skeptiker, Tölt gäbe es nur bei ausdrücklich deklarierten Gangpferden oder nur bei Pferden, die mit unmenschlicher Manipulation zu dieser Gangart gezwungen würden. Dies jedoch widerlegen die Pferde selbst, die diese Gangart anbieten, obwohl sie nicht in die "Gangpferde-Schublade" gehören.

Weso behaupten eigentlich dieselben Leute nicht, dass z. B. eine Piaffe nicht geritten werden darf, weil das Pferd sie nicht von selbst unter dem Sattel zeigt? Nie die Sache an sich, sondern das Mittel zum Zweck muss im Auge behalten werden. Aber das ist schließlich bei jeglichem Umgang mit Tieren so und trifft nicht nur auf die Reiterei oder speziell die Gangart Tölt zu. Bewegungen des Pferdes zu kultivieren, zu denen

Ein Tennessee Walker präsentiert sich frei und kraftvoll.

es Veranlagung zeigt, ist legitim, und auf die Gymnastizierung des Pferdes bezogen gewissermaßen Pflicht des Menschen. Das Pferd ist zum Tragen nicht geboren worden, also muss der Mensch alle Bewegungen unterstützen, die dem Pferd, trotz des Gerittenwerdens, die Gesundheit ein Leben lang erhalten. Was darüber hinaus an Bewegung kultiviert wird, trägt zu dem Wunder der Harmonie zwischen völlig verschiedenen Lebewesen bei. Es ist Kunst. Es ist Tanz und Lebensfreude. Und vor allem: es ist nicht unmoralisch, solange natürliche Anlagen gefördert werden!

Entwicklung in Europa

Während man in Europa auf dem Kontinent, wie in der Historie beschrieben, den Tölt weitgehend durch entsprechende Zuchtauswahl verdrängt hatte, existierte er sozusagen im Exil weiter. Island war dieses Töltreservat, aus dem die ersten germanischen Reimporte getätigt wurden, denn vom Festland kam das Nordlandpferd einst nach Island. Dort wurde es seit dem Jahre 993 n. Chr. rein gezüchtet und schließlich in den Fünfziger Jahren des 20. Jahrhunderts zurück auf das nordeuropäische Festland gebracht. Mit dem Islandpferd kam nicht

Paso Peruanos.

nur der Tölt, sondern auch ein neues Bewußtsein gegenüber dem Pferd zu uns. Haltungsbedingungen wurden artgerechter, die Freizeitreiterszene war neu geboren. Der Hunger nach der „neuen" Gangvariante wurde nun vor allem in Freizeitreiterkreisen größer. Eine Turnierszene entstand. Weitere Gangpferderassen der Welt wurden (wieder-)entdeckt und kamen nach Europa, Pasopferde, American Saddlebreds, Mangalarga Marchadores, Missouri Fox Trotter, griechische Aravanis. Auch das Trabrennpferd entdeckte man als begabten und zudem preiswerten Tölter.

Kleine Rassekunde

Diese Rassekunde erhebt

nicht den Anspruch auf

Vollständigkeit, sondern

soll vielmehr einen kurzen

Überblick über die in

Europa aktuellsten

Gangpferderassen und ihre

Eigenschaften geben.

Isländer sind ernstzunehmende Pferde in unglaublicher Vielfalt von Talenten, Farben und Charakteren.

ISLÄNDER

Das Islandpferd wird seit ca. 1000 Jahren auf Island rein gezüchtet. Es ist durch die klimatischen und geografischen Bedingungen am nördlichen Polarkreis als Robustpferd einzustufen. Der Isländer steht deutlich im Nordland-Ponytyp und wird wegen seines meist kräftigen Fundaments bei einem Stockmaß zwischen 1,30 m und 1,48 m, gern als Gewichtsträger bezeichnet. Das macht ihn zu einem interessanten Reitpferd für den Erwachsenen. Die Rasse bietet eine außergewöhnliche Farbpalette. So gibt es sogenannte windfarbene Pferde (erdfarben oder fast dunkelgrau mit weißem Behang) und auch dreifarbige Schecken oder noch nie gesehene Falbvarianten sind keine Ausnahme. Dennoch gibt es nur eine Farbzucht mit langer Tradition auf Island, die Kirkjubaer-Zucht. Das sind Füchse mit hellem Behang und Blesse und mindestens einer weißen Fessel. Eine Sage schreibt diesen Pferden besondere Fähigkeiten zu. Die Wahrheit ist, dass das Islandpferd generell leistungsbereit, gutmütig und selbstbewußt ist. Es beherrscht in der Regel alle drei Grundgangarten (es gibt Ausnahmen, wenn Pferde zunächst keinen Trab anbieten), Tölt (Viergänger) und mit unter auch Paß (Fünfgänger). Der Paß wird nur als Rennpaß akzeptiert und gilt andernfalls als Fehlerquelle. Wer einmal einen Isländer im Rennpaß gesehen oder gar geritten hat, meint, dass dieses

Die meisten genießen das Islandpferd im Gelände, schätzen die Trittsicherheit, die Ursprünglichkeit und finden zur Natur.

Isländer im verstärkten Tempo Tölt. Unter Islandpferdereitern hat sich recht bald eine Turnierszene formiert, um die Spezialitäten der Pferde zu vergleichen und um begeistert beieinander zu sein.

veranlagte Beweger haben meist viel Temperament und Gehwillen. Erfreuliches Reiten erlebt mit ihnen nur der erfahrene Reiter. Der Naturtölter, d.h. ein Pferd, das die Gangart Tölt jeder anderen von sich aus vorzieht, ist am sichersten für den zu handeln, der noch töltunerfahren ist. Neben dem reinen Viertakttölt gibt es leichte bis markante Taktverschiebungen zum Trab (Trabtölt) oder hin zum Paß (Paßtölt). Ziel der reiterlichen Bemühungen ist aber immer der reine Viertakt. Das Wesen der meisten Islandpferde ist menschenunabhängig, höflich, aber interessiert. Der Isländer bleibt im Herzen immer ganz viel Pferd und wird sich nicht als Teil einer "menschlichen Herde" fühlen. Ausgesprochene Kumpeltypen findet man unter ihnen ebenso wie hochsensible Tiere. So unkompliziert das Islandpferd auch in der Haltung sein mag und so natürlich der Tölt auch gegangen wird, unabdingbar ist die Notwendigkeit, das Reiten dieser speziellen Rasse intensiv zu erlernen. Es haben sich seit einigen Jahren die sogenannten Saga-Reitschulen gegründet, die sich durch absolute Kompetenz und jahrelange Erfahrung auszeichnen (zu erfragen über den IPZV). Aber auch so manche kleinere Gangpferde-Reitschule in der Nähe oder auch weiter weg (oft lohnt

Pferd mit den Hufen kaum den Boden berührt. Man beginnt zu verstehen, weshalb die isländischen Poeten in sehr blumiger Weise Lobesverse über den Rennpasser schreiben.

Der Tölt des Isländers kann bei begabten Pferden vom langsamen Tempo bis zum Renntempo gesteigert werden. Erkennbar ist der Tölt des Islandpferdes für das ungeüb-

te Auge unter anderem an der wellenartigen Schweifbewegung. Angestrebt werden Hoch-Weit-Bewegungen der Vorhand und eine gut untertretende Hinterhand. Klarer Viertakt ist immer oberstes Gebot. Von diesem Idealbild des Sport-Tölters abweichende flachere Gänge sind oft weicher zu sitzen und für den Freizeitreiter interessanter. Enorm

sich der weitere Weg) bringen dem Interessierten die Dinge über das Islandpferd näher. Die traditionellen Reitschulen jedoch sind mit Gangpferdefragen meist überfordert und bleiben sinnvolle Antworten schuldig.

AEGIDIEN-BERGER

Der Aegidienberger ist die wohl jüngste Gangpferderasse. Anfang der 80er Jahre kreierte das Gangpferdezentrum Aegidienberg bei Bonn aus Isländer und Paso Peruano (Peruanischer Paso) den Aegidienberger. Im Idealfall ist er ein Pferd, das dem Isländer optisch ähnlich ist und auch seine robusten Eigenschaften besitzt, aber es ist größer, eleganter und hat einen extrem stark fixierten Tölt. So werden auch Pferde akzeptiert, die den Trab komplett durch den Tölt ersetzen, also im Grunde Dreigänger ohne Trab sind. In der Regel ist der Aegidienberger aber ein Viergänger, der seine vier Gänge deutlich gegeneinander abgrenzen kann. Auch Fünfgänger kommen wie beim Isländer vor. Als F1 wird die erste Generation der Island-Paso-Kreuzung bezeichnet. Das daraus resultierende Kreuzungsprodukt wird dann erneut mit einem

Aegidienberger.

Isländer gepaart (R1). Aus dem Produkt F1 mal R1 entsteht schließlich der Aegidienberger. Er setzt sich also aus 5/8 isländischem Blut und 3/8 peruanischem Blut zusammen. Inzwischen gibt es recht viele reinrassige Aegidienberger. Mit F1- und R1-Pferden ergibt die Gesamtpopulation ca. 450 Pferde in Europa, vornehmlich in Deutschland und Österreich. Diese Pferde liegen im Stockmaß zwischen 1,40 m und 1,50 m. Das Wesen dieser Pferde lässt sich dann nicht so ohne weiteres achteln. Sie können sowohl mehr Anteile ihrer isländischen Vorfahren aufweisen (ponyhaft, unabhängig) als auch mehr Anteile der peruanischen Vorfahren (sensibel, menschenbezogen). Das fällt individuell aus.

AMERICAN SADDLEBRED

Amerikanische Pioniere in Kentucky, Missouri und Tennessee entwickelten aus einem Stamm von englischen Hobbies, Vollblütern, Morgan Horses, Hackneys und Narragansett Pacern das American Saddlebred Horse. Es ist das geborene Showpferd mit bestechenden Hoch-Weit-Bewegungen, Temperament und einer durch und durch noblen Erscheinung. Es gibt sowohl Dreigänger als auch Fünfgänger unter den Saddlebreds. Die Bewegung im Schritt kann elastisch, entspannt, raumgreifend sein (Flat Walk) oder aber versammelt mit hoher,

Saddler-Fohlen: elegant wie ihre Mütter.

sehr akzentuierter Bewegung (Animated Walk), aber immer mit regelmäßigem Viertakt. Der Trab wird in der Regel hoch-weit gezeigt mit Versammlung. Im amerikanischen Showreglement unterscheidet man neun Möglichkeiten, Trab (Trot) zu zeigen. Es handelt sich aber immer um eine deutliche Diagonalbewegung im Zweitakt. So ist das American Saddlebred auch ein talentiertes Fahrpferd (Fine Harness). Der Galopp (Canter) wird relativ langsam, aber flüssig, in klarem Dreitakt gesprungen. Der „Lope" ist die Westernversion des Galopps, leicht zu reiten in angenehmer Geschwindigkeit und für den Reiter bequem zu sitzen. Der „Slow Gait" wurde aus dem Paß zum Viertakt entwickelt und zeigt daher mehr Lateralneigung. Er ist kein langsamer „Rack"! Es handelt sich um einen zurückgehaltenen Viertakt, hoch, fliegend brillant und versammelt. Er ist die Zierde des Pferdes und demonstriert die Grazie und den Glanz dieser außergewöhnlichen Erscheinung Pferd. Rack nun ist ein lupenreiner Viertakt, weich, mit hoher Aktion und Geschwindigkeit. Im Showring äußerst beeindruckend, ist diese Gangart auch im Gelände weich, rasant, dem Fliegen gleich. Dieses berauschende Erlebnis sollte sich der zur Gewohnheit machen, der den Umgang mit hochblütigen Pferden gewohnt ist. Das American Saddlebred ist mit

Saddler mit Trensenzaum.

Saddler im „Fine Harness".

Mangalarga Marchador.

einem Stockmaß von 1,50 m - 1,60 m ein recht großes Gangpferd. Durch das Gelände im Rack zu "fliegen" ist eines der schönsten Erlebnisse, die ein Gangpferdeliebhaber je erfahren kann! Aber auch dreigängige Pferde dieser Rasse hinterlassen durch die Anmut der Bewegungen und ihre Ausstrahlung einen unvergesslichen Eindruck bei Reitern und Betrachtern.

MANGALARGA MARCHADOR

Bereits 1812 entstand aus portugiesischen Pferden und Berbern in Brasilien die Rasse Mangalarga Marchador. Wie alle südamerikanischen Gangpferde wurde auch diese Rasse vornehmlich für die Überwindung langer Strecken und für die Arbeit auf den Ranches gezüchtet. Der Marchador ist ein Pferd mit gutem Fundament und oft starker Bemuskelung. Er erreicht ein Stockmaß von etwa 1,50 m, ist hart, ausdauernd und wegen seines ausgeglichenen Temperaments sehr vielseitig einsetzbar. Der besondere Gang dieser Pferde, die Marcha, kann idealer Weise regelmäßiger Viertakt sein (Marcha Media). Meist neigen diese Pferde aber dazu, die

Marcha eher lateral zu betonen, also zum Paß hin zu verschieben (Marcha Picada) oder die Marcha wird diagonal betont (Marcha Batida), also als Trabtölt gegangen. In Südamerika wird der Idealgang jedoch nicht so penibel verfolgt wie die Europäer das zu tun pflegen. Die natürliche Neigung des Pferdes zur diagonalen oder zur lateralen Seite wird akzeptiert, solange die Gangart bequem ist. Reiner Paß jedoch ist nicht erwünscht, reinen Trab mag man in Brasilien wegen seiner Erschütterungen schon gar nicht. In Europa hingegen ist Trab akzeptiert. Interessant am Rande vielleicht, dass die brasilianische Rasse „Campolino", die inzwischen in Europa ebenfalls bekannt wird, unter anderem eine Kreuzung aus American Saddlebred und Mangalarga Marchador ist. Die Gangart dieser Pferde ist meist Paßtölt (Sobre Paso), wird aber auch als Marcha bezeichnet.

PASOPFERDE

Unter diesem Begriff sind zunächst einmal alle südamerikanischen Gangpferde zusammen-gefaßt. Im Prinzip gehört also auch der Mangalarga Marchador zur Gruppe der Pasopferde. Alle Pasoschläge haben genetisch den gleichen Ursprung. Sie alle sind auf

Wie viele Südamerikaner hat auch der Mangalarga Marchador viel iberische Ausstrahlung.

Paso Peruano.

Paso Peruano.

Gangveranlagung unterteilt, in Pasollano-Pferde (Lateraldominanz), Fino-Pferde (Viertaktdominanz) und in Trochapferde (Diagonaldominanz). Die Gangmanier des Fino-Pferdes entspricht der Vorstellung des klaren Viertakttölts, Pferde mit Sobreandando einem Paßtölter und Trochapferde kann man als Trabtölter bezeichnen. Erst in jüngster Zeit züchtet man speziell in USA gezielt für Showzwecke die Gangvarianten heraus und ließ so den sogerannten American Paso Fino mit den später beschriebenen Gangvarianten entstehen. Der von allen Gangpferdefanatikern erträumte klare Viertakt wird aber (egal bei welchem Paso!) in den seltensten Fällen von Natur aus angeboten, sondern tritt erst durch fachgerechte Ausbildung des Pferdes zu Tage. Daß Pasopferde aber eine besondere Begabung für den klaren Viertakt zeigen, bleibt unbestritten. Zu welcher Gangvariante das Pferd neigt, hat es also seiner Genetik zu verdanken. In welchem Stutbuch das jeweilige Pferd geführt wird, hat aber ausschließlich mit der geografischen Herkunft zu tun. Die Menschen, die züchten, haben in unterschiedlichen Ländern natürlich auch unterschiedliche Vorlieben und so bevorzugt man beispielsweise in Peru mehr ein Sobreandandopferd. Es ist

der Basis iberischen Blutes entstanden, das in ausnahmslos alle Schläge bis zum heutigen Tage immer wieder eingekreuzt wird.

Da wir in Europa neben eigenen Zuchtprodukten hauptsächlich Pferde aus USA-Importen vorfinden, hat man sich hier angewöhnt, diese Pferde nach USA-Manier in Rassen wie Paso Peruano und Paso Fino aufzuteilen und als getrennte Rassen zu beurteilen. Das spiegelt jedoch nicht die Situation in den südamerikanischen Ursprungsländern wider. Dort werden die Pasopferde sinnvoller Weise nach

wahrscheinlich, dass man dann auch nach seinen Vorlieben selektiert und in diesem Land also mehr lateral veranlagte Pferde zu finden sind. Für die europäische Zucht sollte aber weniger die geografische Herkunft des Pasos von Belang sein, sondern in der Hauptsache die Orientierung zur Gangveranlagung, indem man Kriterien wie Ausdauer, Härte und Menschenbezogenheit einbeziehen. Will man weiterhin ausschließlich das USA-Modell betreiben, so wird man durch die extrem enge Population auch die Früchte der Inzuchtpolitik ernten. Der leistungsstarke Paso würde dann zum Showpferd degenerieren.

Paso Fino Hengst im Performance-Typ.

Paso Peruano

Wie der Name schon verrät, stammt der Paso Peruano vornehmlich aus Peru, jedoch sind auch Argentinien, Chile und Equador Zuchtgebiete für diese Rasse und in großem Maße seit einigen Jahrzehnten auch die USA und Kanada. Der Peruaner verkörpert den Pasollanotyp, d.h. diese Pferde gehen den taktklaren Tölt (pasollano) mit einer Lateraldominanz (durch entsprechende Ausbildung nicht unbedingt Verschiebung!). Im Gegensatz dazu stehen andere Pasopferde mit sogenannter Diagonaldomi-

nanz, wie Paso Finos. Angezeigt wird mit dieser Typenbezeichnung also, aus welcher Veranlagung heraus das Pferd den taktklaren Tölt entwickelt. Diese Art der Klassifizierung in Rassetypen ist in Südamerika üblich (siehe Pasopferd). Das hört sich zunächst kompliziert an, ist aber logisch und gibt dem Reiter viel Information über den Gangtypus und dessen Förderungsmöglichkeit und dem Züchter die Möglichkeit zu vernünftiger Anpaarung unter Berücksichtigung der gewünschten Gangschwerpunkte neben anderen oft

wichtigeren Aspekten. Der Peruanische Paso erzeugt durch seine Lateraldominanz auch mit anderen nicht stark töltveranlagten Pferden meist töltende Nachkommen. Es ist die beliebteste Gangart der Pferde und es vererbt die Töltveranlagung wie kein anderes Pferd auf der Welt (siehe auch Entstehung der Aegidienberger). Der Paso Peruano bewegt sich mit hoher, weiter Vorhandbewegung. Oft ist dabei eine glockenartige Seitwärts-bewegung aus der Schulter heraus zu beobachten, der »Termino«. Er dämpft das Auffußen und trägt somit zur Weichheit des Ganges bei. Die Hinterhand bewegt sich flach und gut untertretend. Alle Gänge sind energisch, raumgreifend und akzentuiert. Der Peruanische Paso gleitet förmlich über ebenes wie auch äußerst schwieriges unebenes Gelände. Neben einem taktklaren Tölt (Pasollano) steht die Weich-heit des Ganges an oberster Stelle. Besonders weicher Tölt ist an der ruhigen Kruppe des Pferdes erkennbar. Im schnellen Tempo Tölt sind leichte Verschie-bungen zum Paß toleriert (Sobreandando). Der Peruanische Paso steht optisch im spanischen Typ. Fortaleza (Stärke), Nobleza (Edelmut) und Belleza (Schönheit) zeichnen ihn aus. Mit 1,43 m bis 1,53 m Stockmaß ist er ein mittelgroßer Tölter. Pasos sind nicht, wie oft beschrieben, das typische Anfängerpferd. Sie sind sensibel und bei guter Ausbildung am Bindfaden reitbar. Der Reiter muss jedoch unverzichtbar lernen mit diesen Pferden umzugehen, sonst ist das leichttrittige Pferd die längste Zeit ein solches gewesen.

Paso Fino-Herde.

Paso Fino

Der Paso Fino entstand auf der selben Zuchtgrundlage wie der Peruanische Paso. In Kolumbien setzte man zur Blutauffrischung Hackneys, teilweise Vollblüter und Standardbreds ein. Hauptzuchtgebiete sind Kolumbien, Puerto Rico und seit 1960 die USA, die eben aus Pferden mit dem Gangtypus »Paso Fino« (der feine Gang) eine eigenständige Rasse kreierte. Der Paso Fino entwickelt den Tölt über eine Diagonaldominanz. Fohlen, die viel traben, finden in der späteren Ausbildung meist schnell zu taktklarem Tölt. Eine verstärkte Neigung zum Paß hingegen ist unerwünscht. Die Vorhandbewegung ist nicht wie bei anderen Gangpferden in der Regel möglichst hoch-weit, sondern soll zur Bewegung der Hinterhand passen. In der Hinterhand wünscht man sich ausgeprägte Hankenbeugung (hock action), die das Pferd wie eine Lokomotive weiterbringt. Die Hinterhand ist nicht weit untertretend, aber dennoch nimmt sie korrekt das Gewicht auf. In den Ursprungsländern zeigt man Pasopferde mit der Gangvariante Paso Fino mit einem relativen Versammlungsgrad im klaren Viertakttölt. In den USA und Europa unterscheidet man verschiedene Gangvarianten im Tölt des Paso Finos und fördert diese. Es werden hierbei drei töltende Paso Fino-Typen beschrieben. Der Classic Fino (oder Fino-Fino), der genetisch fixierten Tölt mit enorm hoher Schrittfrequenz (Quickness) bei minimalem Raumgewinn gehen kann in hohem Versammlungsgrad, der Performance-Typ, der mit hohem Versammlungsgrad und viel Ausdruck langsames Tempo Tölt (Paso Corto) bis schnelles Tempo Tölt (Paso Largo) geht und der Pleasure-Typ, der wie der Performance-Typ über eine große Tempopalette verfügt, sich jedoch in entspannterer und natürlicher Haltung zeigt. Bei allem Temperament und aller sprühender Lebenskraft, die diese Pferde ausstrahlen, sind sie doch durch ihre Sensibilität, ihren Gehorsam und Arbeitswillen mit minimalem Aufwand zu regulieren. Eine entsprechende Ausbildung ist aber hierfür Voraussetzung. Die Südamerikaner umschreiben diese Eigenschaften mit »Brio«, einer Mischung aus Arbeitswillen, Regulierbarkeit und Menschenfreundlichkeit. Es werden dem Paso Fino auch andere Modalitäten mit Diagonaldominanz im Gang zugeordnet. Es sind die Gangarten Trocha (Trabtölt) und Trote (ein Trab mit wenig Raumgriff und fast ohne Schwebephase). Pferde mit diesem Zuchtziel sind Trochadores oder Troton-Galoperos, die also Trocha oder Trote zeigen, aber keinen Tölt. Beide Gangarten sind aber dennoch weich zu sitzen und mit keinem Trab anderer Rassen ver-

Caballo Ibero-Americano

gleichbar, da die Schwebephase nur von extrem kurzer Dauer ist. Der Galopp des Paso Finos, gleich welcher Modalität, ist meist unbelastet von jeglicher Lateralbeeinflussung und wird daher gut durchgesprungen im klaren Dreitakt.

Iberoamericano

»Back to the roots« heißt es in der Zucht dieser Pasopferde, die ihren Ursprung natürlich ebenfalls in Mittel- und Südamerika hat, hauptsächlich in Panama. Der Stoff aus dem diese Pasos sind, ist Pasoblut mal Iberisches Blut

(Andalusier, Lusitanos) zu den Teilen 3/8 mal 5/8. Will der Züchter große, schwere, eher dreigängige Pferde, so nimmt er 3/8 Pasoblut und 5/8 Ibererblut. Sind die Fohlen aus dieser Anpaarung tatsächlich dreigängig, gehören sie der Gruppe der »Caballo Ibero-Americano« an. Bei 5/8 Pasoblut mal 3/8 Ibererblut entstehen in der Regel töltende Nachkommen. Sie heißen »Paso Ibero-Americano«. Seit 1995 gibt es für die raza ibero-americano eine eigene Zeitschrift, die »El Criador«, die über Zuchtgeschehen, Ausstellungen, Turniere etc. berichtet. Die Pferde

Tennessee Walker.

TENNESSEE WALKER

Dieses bequeme Langstreckenpferd wird seit Anfang des 19.Jahrhunderts in den Südstaaten der USA gezüchtet. Zuchtgrundlage bilden hier die Naragansett Pacer, Morgan Horses, Canadian Pacer, Traber und Vollblüter. Auch seine Bedeutung als Arbeitspferd verlor sich mit zunehmender Industrialisierung. Als Show- und Freizeitpferd hat es sich jedoch nicht nur in Mitteltennessee mit Erfolg etabliert. Seit Ende der 70er Jahre gibt es dieses nervenstarke Gangpferd nun auch in Deutschland mit einer Population von ca. 500 Pferden bis 1997. Gerade Menschen, die erst sehr spät zum Pferd gefunden haben oder ängstliche Reiter entscheiden sich gerne für diese Rasse. Für therapeutisches Reiten scheinen sie durch ihr ruhiges, zuverlässiges Wesen wie geschaffen und auch die Weichheit ihrer Gänge ist gerade in diesem Bereich sehr förderlich. Das Stockmaß des Tennessee Walkers liegt durchschnittlich zwischen 1,50 m und 1,60 m. Es gibt aber durchaus auch kleinere sowie auch wesentlich größere Pferde. So ist auch die Gesamterscheinung dieser Rasse nicht unbe-

gibt es seit jüngster Zeit auch in Deutschland und Österreich. Das Gangpferd des Jahres 1998, der töltende Lusitanohengst „Bonitao" wurde noch im Siegerjahr mehreren Pasostuten zugeführt. Das Ergebnis sind töltende kräftige Fohlen, die vielversprechende Reitpferde zu werden scheinen. Auch Anpaarungen mit Mangalarga Marchadorstuten hat es schon gegeben. Den europäischen Züchtern dieser Pferde geht es nicht darum, eine weitere töltende Rasse auf den Markt zu bringen. Vielmehr soll durch Blutauffrischung das, was man schätzt, also das Pasopferd, ver-

edelt werden nach dem funktionierenden Vorbild der Südamerikaner. Es ist zu gefährlich, Pferde ausschließlich auf Gangmodalitäten zu selektieren, auf Schönheit, Farbe oder andere fragwürdige Eigenschaften. Letzendlich wünscht sich jeder ein leichttrittiges und bequemes Gangpferd, wenn er einen Paso möchte. Man wünscht sich einen deutlich iberisch geprägten, großrahmigen Tölter mit stabilem Fundament, mit Raumgriff und leistungswilligem Charakter. Die Ergebnisse der Süd-amerikaner sind überzeugend, sicher werden auch die europäischen Zuchtanfänge Qualität bringen.

Missouri Foxtrotter.

dingt einheitlich. Es sind Pferde zu finden, die dem American Saddlebred recht ähnlich sehen, es gibt aber auch betont stämmigere Pferde. Das Farbspektrum erinnert an jenes der Quarter Horses und Paints. So findet man alle Roanschattierungen, Buckskins, Palominos, Schecken und natürlich alle sonst üblichen Farben. Typische Gangart dieser Pferde ist der Walk, den man sich als enorm raumgreifenden, schnellen Schritt vorstellen muss (Flat Foot Walk). Begleitet wird dieser Gang durch ein

Kopfnicken (aus der Schulter heraus), das als Balancehilfe dient. Ohne das Nicken kann das Pferd keinen korrekten Walk gehen. Auch gesteigertes Tempo ist möglich (Running Walk), wobei hier die Hinterhand deutlich übertritt. Manche Pferde bieten neben dem Walk auch Tölt oder Gangbesonderheiten wie Foxtrott oder Stepping Pace an. Rassetypisch und erwünscht sind diese Gangarten jedoch nicht! Der Tennessee Walker beherrscht einen sehr deutlich gesprungenen Schaukel-

galopp (Canter), der sehr vertrauenserweckend und ausgesprochen angenehm zu sitzen ist.

MISSOURI FOXTROTTER

Auch diese Rasse entstand zu Beginn des 19.Jahrhunderts. Aus dem Osten der USA zogen Menschen nach Missouri und züchteten auf der Grundlage von Arabern, Vollblütern, Morgan Horses und American Saddlebreds den Missouri Fox Trotter. Auch er wurde zu einem sehr zähen Langstreckenpferd. Als Cadillac der Cowboys bezeichnet, lässt es sich schon erahnen, dass dieses Gangpferd sowohl bequeme Gänge als auch Talent für die verschiedensten Disziplinen des Westernreitens zu bieten hat. Die Gänge werden natürlich gelaufen und nicht manipuliert. Es gibt sogar ein ausdrückliches Verbot der Missouri Fox Trotter Vereinigung in den USA, die Gänge künstlich spektakulär zu machen. Der Fox Trot nun, die Gangspezialität dieser Rasse, ist genau genommen ein Trabtölt. Er wird flach gelaufen, wobei die schleifende Aktion der Hinterhufe die Weichheit schafft, da die Stöße in den unteren Gliedmaßen reduziert werden. Diese Gangart

Im Foxtrot.

garantiert eine sehr hohe Tritt-sicherheit. Begleitet wird sie durch das Kopfnicken (Nodding) und eine rhythmische, wellenartige Schweifbewegung. Das Pferd ist in dieser Gangart gut aufgerichtet und auch der Schweif wird verhältnismäßig hoch getragen. Bei aller Bequemlichkeit und fließenden Leichtigkeit des Fox Trots erreichen die Pferde in dieser Gangart eine Geschwindigkeit bis zu 20 km/h, die sie ohne Ermüdung über lange Strecken beibehalten. Manche Pferde bie-

ten auch noch mehr laterale Veranlagung und gehen Singel-foot (eine Töltvariante), Flatfoot Walk und Running Walk. Wie die meisten mehr diagonaldominan-ten Gangpferde gehen auch die Missouri Fox Trotter einen gut durchgesprungenen Galopp. Das ausgeglichene Temperament des Missouri Fox Trotters, das nichts übel zu nehmen scheint und der Wille dem Reiter am langen Zügel zu gefallen, machen ihn nicht nur im Freizeittrail zu einem angeneh-men Westernpferd. Ein kompak-

tes Quadratpferd mit einem Stockmaß zwischen 1,45 m und 1,62 m, hübsch und sanftmütig könnte seine Fans in jedem Lager der Westernfreizeitreiter auch mit Turnierambitionen finden.

MARWARI

Der Ursprung dieser zu den älte-sten Rassen der Welt zählenden Pferde ist in Zentralasien. Das Turkmenische oder Baktrische Pferd gilt als Stamm für diesen harten Wüstenbewohner. Bereits im 4. Jahrtausend vor Christus gab es Pferde turkmenischer Abstammung. Beide Rassen ent-standen auf ähnlicher Zucht-grundlage wie der Araber und waren an der Entstehung des Marwaris, wie man ihn heute kennt, maßgeblich beteiligt. Die Wüste Thar in Westindien ist ihre Heimat Das Königreich Marwar gab der Rasse ihren Namen. Der Marwari eroberte Reiche und kämpfte mit seinem Menschen Jahrhunderte lang ums Überleben in der Wüste. Er ist genügsam und zäh. Seine kräftige aber edle Gestalt wird von langen schlan-ken Beinen getragen. Am auffäl-ligsten sind wohl seine langen Sichelohren. Das große Gang-pferd um 1,55 m Stockmaß (bis zu 1,65 m) bietet eine Töltvarian-te an, den Reval. Es ist ein schnel-

Marwari in seiner Heimat.

Die Ausfuhr aus Indien ist aus Seuchenschutzgründen nicht möglich. Ob das immer so ist, bleibt abzuwarten. Weil die Marwaris aber zu den ältesten Pferderassen der Welt gehören und zudem noch Gangpferde sind, sollen sie wegen ihrer Seltenheit hier Erwähnung finden.

TÖLTENDE TRABER

Anerkannt ist dieses Reitpferd als Rasse offiziell erst durch das Rheinische Pferdestammbuch seit 1996. Seit Anfang der siebziger Jahre jedoch nutzt man die Gangbegabung der Traber, um ein töltendes Reitpferd auszubilden. In vielen Renntrabern steckt Tölt und man kann Pferde, die für das Rennen zu langsam sind oft günstig erwerben und zum Reitpferd mit Viergang erziehen. Dies sollte jedoch in die Hand eines gangpferdekundigen Profis gelegt werden. Rennpferde sind oft an viel Trubel gewöhnt, müssen aber dennoch den neuen Job als Reitpferd erst sorgfältig erlernen. Inzwischen werden Traber mit viel Tölt systematisch gezüchtet und von Anfang an auf ein Reitpferdeleben vorbereitet. Meist ist der Züchter auch Ausbilder und kann wertvolle Informationen

les Pferd im Galopp mit kleinen, harten Hufen. Der Marwari war einst ein mutiges Kriegspferd, das oft trotz schwerer Verletzungen seinen Reiter durch die Schlacht brachte. Seine Treue ist sprichwörtlich, noch heute. Mit dem Verlust der Bedeutung als Partner im Kampf wurde auch die Zucht eingeschränkt. Nur durch spezielle Hilfsprogramme konnte dieses wundervolle Wüstenpferd überleben. Der Marwari ist also auch in seinem Heimatland eher selten. Leider kann der Marwari nicht nach Europa importiert werden.

Töltender Traber.

an den neuen Besitzer weitergeben. Der Töltende Traber ist ein sehr blütiges Pferd mit einem Stockmaß um 1,55 m. Der Schritt ist schnell und raumgreifend, der Trab schwungvoll und der Tölt wird ebenfalls oft mit viel Raumgriff angeboten (manchmal hoch/weit, manchmal flach). Ein töltender Traber ist meist in allen Tölttempi reitbar. Der Galopp sollte ein bequemer Schaukelstuhl-galopp sein, muss bis dahin jedoch sorgfältig trainiert werden, da die meisten Traber den Galopp mit viel Lateraldominanz zeigen (laufen). Manche Pferde zeigen sogar Talent für den Rennpass.

Paso Finos und ihre traditionell gekleideten Reiter mit südamerikanischen Chaps (Zamaros). Wer wirklich das Flair dieser exotischen Rasse zeigen möchte, wird die Pferde ihrem Zuchtziel entsprechend auch in den typischen Gangmodalitäten präsentieren und sie speziell dafür ausbilden.

Viele Rassen - eine Reitweise ?

Gemeinsamkeiten.

Frühreif oder spätreif?

Der Gangpferdereiter.

Traditionen.

Freizeitpartner Pferd.

Wenn auch bei einigen der Gangpferderassen Verwandtschaften oder Ähnlichkeiten festzustellen sind, so kann man anhand der kleinen Rassekunde erkennen, wie viele Unterschiede dennoch die einzelnen Gangpferderassen aufweisen, welche verschiedene Herkunft sie haben und wie auch die Charaktere differieren.

REITWEISE

Tatsäch ich sind viele in Europa der Meinung, man könne Gangpferde nach einem Prinzip reiten, womöglich alle wie einen Isländer ausbilden, einen flachen Töltsattel mit dem Schwerpunkt im hinteren Sitzbereich auflegen und auch Fehlerquellen seien im Einheitsprinzip zu beheben. Ich behaupte jedoch, dass jede Gangpferderasse so speziell ist, dass dies nicht zutreffen kann. Ohne bestimmte Rassen hervorheben zu wollen und andere zu diffamieren hatte ich bereits anklingen lassen, dass die Veranlagung zum reinen Viertakt bei den unterschiedlichen Rassen mehr oder weniger stark fixiert ist (und weiter noch bei jedem einzelnen Pferd). Eine Rasse mit auffallend vielen Naturtöltern benötigt weniger Hilfsmaßnahmen, um sich im gewünschten Rahmen zu präsentieren, als Pferde, die zum Beispiel stärkere Dominanz zum Paß oder Trab aufweisen. Nachhilfe allein durch schwerpunktbetonte Sättel würde hier eher störend als hilfreich sein. Aber auch Tendenzen zum Paß oder Trab können nicht einheitlich behoben werden, müssen doch Exterieur und vor allem auch Charakter und Sensibilität der einzelnen Rassen berücksichtigt werden. Hinzu kommt noch, dass sol-

Tölten ist in jedem Alter ein Genuß auf einem sinnvoll ausgebildeten Pferd, hier einem Isländer.

Ein Missouri Foxtrotter und sein Reiter in Originaloptik und -Gangmanier.

che Tendenzen bei den verschiedenen Rassen unterschiedliche Bewertung finden in einer Bandbreite von »normal« (z.B. beim Missouri Fox Trotter die starke Trabtendenz im Fox Trot) über »geduldet« (z.B. beim Peruanischen Paso die Paßtendenz im schnellen Tempo, als Sobreandando bezeichnet) bis »nicht erwünscht« (z.B. beim Isländer, der in jedem Tölttempo reinen

Viertakt zeigen muss). Dazu kommen noch rassespezifische bzw. schlagspezifische Spezialitäten, wie z.B. beim Paso Fino, der in den seltensten Fällen typisch mit einer Wassertrense gezeigt werden kann. Durch die spezielle Selektion haben sich nicht nur Gänge, sondern auch andere Besonderheiten entwickelt. Er ist mehr als andere Gangpferde sehr agil mit der Zunge und legt diese

recht gern über das Gebiss, ist in der Lage, sie wieder darunter zu legen und spielt so (und entzieht sich so) ein für den Reiter sehr lästiges Spiel. So sind die meisten Fino-Gebisse mit Löffel entwickelt worden, was sich als sehr hilfreich erwies (beim Paso Fino gibt es noch weitere Gründe, besser nicht mit Wassertrense zu reiten, wenn er USA-typisch gezeigt werden soll, aber dazu später).

Ebenso einen großen Unterschied macht es, ob flache, entspannte Gänge gewünscht werden oder eine hohe Vorhandaktion oder eine spektakuläre Hinterhandaktion, ob weite Bewegungen erwünscht werden oder eher versammelte mit hoher Schrittfrequenz. Wenn nicht alle Gang-pferde im Einheitstölt dahinlaufen sollen, sondern die rasse- oder schlägespezifischen Besonderheiten erhalten und kultiviert werden sollen, dann ergeben sich auch automatisch unterschiedliche Reitkonzepte mit unterschiedlichen Schwerpunkten.

Diese Reiterin präsentiert ihr Saddlebred Horse in korrekter Sitzhaltung. In vielen der Saddlebred Turnierklassen wird eben dieser spezielle Sitz streng bewertet. Aber nicht nur töltende Pferde werden auf den Turnieren gezeigt. Gerade in der Saddlebred-Zucht kommen sehr viele Dreigänger mit enorm spektakulären Gängen vor und auch Fünfgang-prüfungen werden gestartet.

WAS TRIFFT AUF ALLE ZU?

Die ersten Schritte

Wenn man sicher bei der heutigen Gangpferdepalette in Europa nicht jede Rasse wie die andere reiten sollte, so gibt es doch Grundregeln der Reiterei, die für jedes Reiten von Pferden überhaupt Allgemeingültigkeit haben. Der oberste Grundsatz hierzu ist der, dass jedes Pferd erlernen muss, die »Last Reiter« zu tragen. Diese Lehre sind wir allen Pferden schuldig, denn sie sollen auch über Jahre hinweg Reitpferd sein, ohne Schaden durch diesen Job zu nehmen. Da das Pferd nicht geboren wurde, um Menschen zu tragen, müssen wir ihm beibringen, diese unnatürliche Last vermehrt mit der Hinterhand zu balancieren, um die Vorhand zu entlasten. Dies ist ein klassischer Grundsatz, der für jede Reitweise zutrifft egal ob das Pferd ständig am Zügel stehen soll oder am losen Zügel geritten wird. Erreicht werden kann dies nur mit sorgfältiger Gymnastizierung. Die Ausbildung von Gangpferden kann bereits im Fohlenalter beginnen, indem das Pferd halterführig gemacht wird, das Ange-bunden-sein lernt, das Putzen und Hufeheben. Vor allem muss es artgerecht in einer Jungpferdeherde mit mindestens einem älteren Pferd aufgezogen werden und es muss viel Lauffläche für die Jugend vorhanden sein, um im Spiel das Skelett, Bänder, Sehnen, Muskeln und innere Organe sorgfältig entwickeln zu können. Hinter dem Haus zwei Fohlen aufzuziehen ist genauso unsinnig, wie den hauseigenen Dackel in der Bierkiste zu halten. Später mit 1/2 bis 2 Jahren kann man mit dem Jungpferd spazieren gehen

Auch Pferdekinder sollten schon vom Menschen auf ihr Reitpferdeleben vorbereitet werden.

Zirzensische Lektionen schulen Gehorsam und Beweglichkeit und fördern das Vertrauen.

im Gelände, Bodenarbeit machen und es als Handpferd am sicheren älteren Reitpferd mitführen. Das dreijährige oder besser vierjährige Pferd darf dann ein Dominanztraining im Roundpen erhalten, longiert werden und schließlich (am liebsten mit gebissloser Zäumung!) angeritten werden.

Gangpferde: frühreif oder spätreif?

Hierbei streiten sich die Geister stets über früh- und spätreife Pferderassen. Es gibt Experten, die behaupten, dass die Wachstumsfugen der Extremitäten mit fünf Jahren geschlossen sind, es gibt Experten, die die Behauptung aufstellen, sie seien bereits mit drei Jahren oder gar früher zu. Beide Ansichten sind zutreffend, denn die Frage ist doch, auf welchen Teil der Gliedmaße sie sich beziehen. Ist das Fesselgelenk bereits belastbar, so sind alle darüber liegenden Bereiche noch im Wachstum. Die Fugen schließen sich von unten nach oben. Möchte jemand für das frühe Anreiten plädieren, wird er sich die passende Version suchen. Außer beim Isländer und beim Traber wissen wir jedoch recht wenig über die dauerhafte Haltbarkeit unserer Gangpferde. In vielen Ursprungsländern werden die Pferde sehr früh auf

Bodenhindernisse mit einem Jungpferd in korrekter Führposition.

Hochleistung trainiert, weil der Wettbewerb zwischen den Züchtern und auch Trainern ungleich härter ist als in Europa. Außerdem kann jederzeit die Lücke eines ausfallenden guten Pferdes durch ein nachrückendes geschlossen werden. Wie viele sind aber noch im Alter in den Ursprungsländern

unter dem Sattel? Wie viele »Beinleichen« gibt es bereits unter importierten Pferden in Europa? Wieso gibt es neue oder eigentlich alte Zuchtversuche zur Veredelung? Theoretisieren kann man alles und auch jede Ansicht zur Diskussion stellen und Pro und Kontra finden. Tatsache ist aber,

Ein barockes Pferd · der Inbegriff für Versammlung.

Roundpenarbeit: Zur Arbeit wird das Pferd nach außen geschickt. In der Mitte ist die Ruhezone beim Menschen.

dass es sich bei diesem Diskussionsgegenstand wohl um unseren »Freund Pferd« handelt, von dem wir in irgend einer Form Leistung über Jahre verlangen. Aus welchem Grund wir uns auch für das Pferd entscheiden, wir sind ihm seine Gesunderhaltung schuldig! Ein vorsichtiges, sehr schonendes Anreiten mit vier Jahren ist für jede Rasse früh genug. Der eigene Ehrgeiz oder auch nur die Freude über die Dinge, die das junge Pferd so willig ausführt, lässt aus den geplanten 20 Minuten Reiten eine halbe Stunde werden, eine dreiviertel Stunde und eigentlich ist doch eine Stunde auch nicht lang. Oder?

Der Gangpferdereiter

Über den Sitz des Reiters gibt es verschiedene Ansichten, die sich häufig widersprechen, aber viele funktionieren auf ihre Art, also scheint demzufolge keine Ansicht der Experten wirklich falsch zu sein. Für den im Alltag einseitig belasteten berufstätigen oder im Haushalt arbeitenden Reiter hat sich gezeigt, dass Hinfühlen erlernt werden muss. Am ehesten lernen die Reiter aus einem entspannten Sitz heraus das Fühlen. Das heißt, der Reiter sitzt zunächst so, wie es ihm am

Die Gerte ist der verlängerte Arm des Menschen. Das Pferd wird durch Abstreichen an sie gewöhnt.

aus zu fühlen, ist die erste Maßnahme. Die zweite ist, aktiv die Bewegungen des Pferdes zu unterstützen, also Spannung im richtigen Moment zu erlernen und zu erfühlen, wann wieder entspannt wird. Der tiefe Absatz z.B. wird also nicht durch Herunterdrücken der Ferse oder Hochziehen der Fußspitze erreicht, sondern durch lockere Gelenke, die langsam erarbeitet werden müssen. Gedankenhilfen, wie im nächsten Kapitel beschrieben, helfen hierbei.

TRADITIONEN

Alte Reittraditionen der Ursprungsländer hinterfragt

Pferd und Mensch im Überlebenskampf

Wenn man bedenkt, dass die meisten unserer Gangpferde gezüchtet wurden, um mit ihnen zu arbeiten, wird einem bewußt, welchen Stellenwert das Pferd hatte. Schwieriges Gelände konnte nur mit ihnen bewältigt werden (teilweise noch heute!). Das Pferd diente dem Überleben des Menschen im weitesten Sinn. Nicht weniger, aber auch nicht

bequemsten ist, ohne sich fest zu halten oder an zu klammern. Er soll lernen, sich tragen zu lassen, ohne sich gegen die Bewegung des Pferdes zu spannen. Erst später wird die Körperhaltung erlernt, aus der sinnvolles aktives Unterstützen des Pferdes möglich wird. So wie wir vom jungen Pferd

keine korrekte Biegung am Anfang verlangen können, müssen auch die Reitermuskeln und -bänder sich erst langsam entwickeln und dehnen. Eine zwanghafte Haltung im Sattel, weil sie allgemein als korrekt gilt, macht den Reiter steif und unfähig zu agieren. Aus der Lockerheit her-

mehr. Jede Gefühlsduselei war in dieser Pferd-Mensch-Beziehung tabu. Es handelte sich um eine Zweckgemeinschaft. Darüber kann kritisch betrachtet auch keine isländische Dichtung hinwegtäuschen und kein kolumbianischer Haziendero, der sich stolz mit seinem Lieblingshengst vor Besuchern präsentiert und die dazugehörige Dreizimmerwohnung für den Liebling ebenfalls den staunenden Gästen präsentiert. Harte Auslese gab es im Prinzip in allen Ursprungsländern durch die Härte der Natur oder aber durch harte Auslese der Züchter. Ebenso hart scheinen uns die oft bis heute praktizierten Trainingsmethoden. Sie sind in unseren Augen hart, weil unsere eigenen Lebensräume mit Straßennetz, Telekommunikation, warmen Stuben, vollen Bäuchen und wenigen Naturkatastrophen weich sind. Wir wollen kein Gangpferd für die Arbeit, sondern wir können es uns als Produkt unseres Wohlstands leisten. Wir entdecken in ihm den Freizeitpartner, womöglich den spirituellen Beistand. Unsere Herden wachsen behütet auf. Vom ersten Tag ihres Lebens an kennen sie den Menschen als Vertrauensperson. In den Ursprungsländern werden die jungen Pferde in der Regel erst dann mit dem Menschen bekannt, wenn sie als Reitpferd interessant werden (vor

Geht die Hand auf den Kopf des Pferdes zu, soll das Pferd weichen. So lernt es uns als Alphatier zu respektieren und wir können es problemlos in Wendungen führen, Grundsteine für seine Gymnastizierung legen.

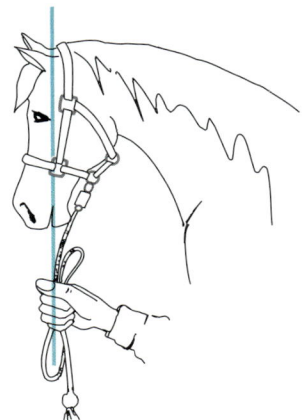

Das Pferd soll lernen, auf feine Signale der Hand zu reagieren. Das Pferd steht neben dem Menschen und trägt seine Nase in Handhöhe. Die Hand geht auf selber Höhe vor, gleichzeitig wird das Pferd mit der Gerte hinten touchiert. Das Pferd tritt zuerst an, der Mensch folgt sofort nach. Anhalten erfolgt durch Zurücknehmen der Hand, schlenkern auf der Nase (mit Führkette, Halfter etc.), Gerte vor der Brust. Das alles geschieht mit soviel Intensität, wie eben nötig ist. Das Signal auf der Nese muß immer leicht sein. Das Gertensignal darf schon mal bei Bedarf deutlicher ausfallen.

Wenden wir nach innen ab, muß das Pferd uns folgen. Die Hand wird in die Wendung geführt, die Hinterhand über dem Sprunggelenk mit der Gerte touchiert.

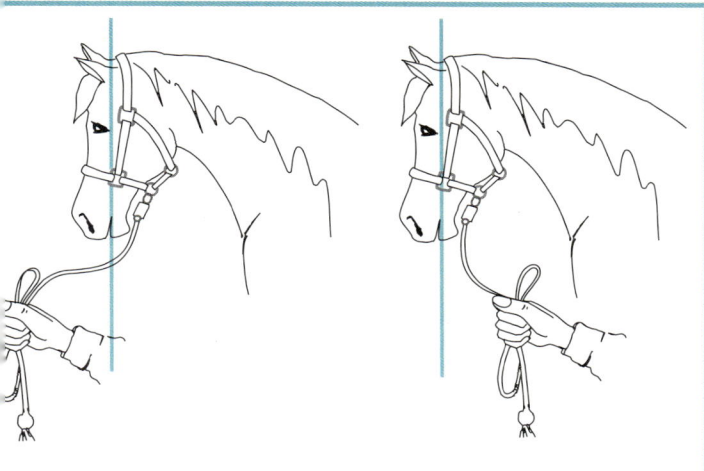

allem Südamerika, Island, Teile Rußlands, manche afrikanischen Staaten).

Als Wildlinge m ü s s e n sie jede Berührung mit dem Menschen als Trauma erleben. Da sie nicht über Jahre als Jungpferd auf ihren zukünftigen Einsatz vorbereitet wurden, werden Lernschritte nun in sehr komprimierter Zeit abverlangt. Bei Südamerikanern werden die Pferde oft gehobbelt ausgesackt, gesattelt und direkt im Anschluss zum ersten Mal geritten unter der Führung eines sogenannten »Fony-Horse«, eines sicheren Pferdes.

Das alles dauert zwei bis vier Stunden. Daß so eingebrochene Pferde tatsächlich lernen und zuverlässig mitarbeiten, spricht für den guten Charakter der Rasse.

Freizeitpartner Pferd

Zur Ausbildung unserer Freizeitpferde ist es nicht nur möglich, sondern notwendig andere Wege mit dem Pferd zu gehen. Dennoch können uns Ausbildungsgegenstände aus den Ursprungsländern oft große Dienste leisten, da sie speziell für bestimmte Eigenheiten einer Rasse entwickelt wurden. Auch Elemente der Reitweisen sind oft zu übernehmen, da Traditionen über Jahrhunderte

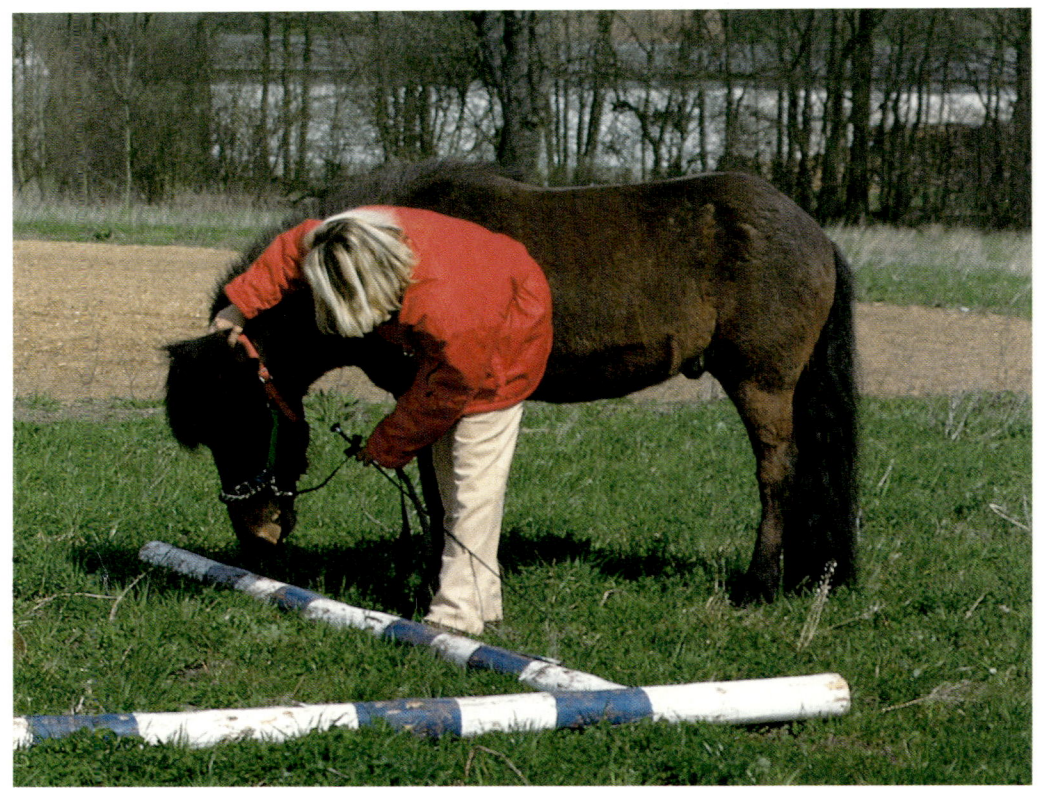

Später unter dem Sattel haben wir nur dann Sicherheit, wenn das Pferd gelernt hat bewußt und konzentriert zu arbeiten. Also zeigen wir ihm schon am Boden jedes Neue ganz genau. Das Heruntermassieren des Hals-Kopfbereichs entspannt zudem und nimmt den Fluchtgedanken.

hinweg durchaus auch für uns Sinn machen können. Kritiklos darf jedoch nichts übernommen werden, nur weil es schnellen Erfolg verspricht, auch wenn der Guru aus dem Ursprungsland ruhmreich dadurch wurde. Er verfolgt fast immer ein anderes Ziel als wir! Nicht Bewerten ist hier gefragt, sondern sachliches Vergleichen des Anspruchs und der Beziehung zu unserem Pferd. Es kann grob davon ausgegangen werden, dass Gangpferderassen südamerikanischer Herkunft mit vielen Elementen aus der iberischen Reitweise geritten werden. Um sie für die Arbeit zu erziehen, wurden und werden sie jedoch mit fast keinem Schenkeleinsatz, aber mit viel Gewichtshilfen geritten und mit möglichst leichter Zügelführung (zunächst gebisslos, dann gebisslos in Kombination

Stangenarbeit „Schritt für Schritt". Hier geht es darum das Pferd mit nur jeweils einem Fuß über die Stange vorwärts dann rückwärts zu richten. Dann folgt der zweite Vorderfuß, dann das eine Hinterbein, danach das andere. So wird die Bewegungskoordination und der Gehorsam verbessert. Das Pferd soll nicht alles nach vorne und schnell (mit Fluchtgedanken) bewältigen, ohne darüber „nachzudenken".

mit Gebiss und dann ausschließlich mit Gebiss). Dieses Reiten wurde auch für den Turnierbereich dort übernommen. Auch Pferde mittel- und nordamerikanischer Herkunft werden in der Regel fast ohne Schenkeleinsatz, aber mit Gewichtshilfen, Kreuz und leichter Zügelanlehnung geritten. Elemente der klassisch-englischen Reitweise sind hier dominant. Das gleiche gilt für alle europäischen Tölter und teilweise auch für Gangpferde aus Wüstenstaaten. Arrogant über den ursprünglichen Ausbildungsmethoden zu stehen, aber auch ausschließlich mit ihnen zu arbeiten macht keinen Sinn. Ein sensibles Abwägen der Möglichkeiten ist immer die klügste Art vorzugehen. Sich gänzlich gegen die Methoden der Ursprungsländer zu stellen, ist ein Zeichen für das Desinteresse, sich im Ursprungsland um neutrale Fakten zu bemühen. Oft ist gänzliche Ablehnung mit schnell gezogenen Schlüssen aus einem Halbwissen heraus zu erklären. Derjenige, der wirklich kundig ist, weiß jedoch entsprechende Ausbildungselemente sinnvoll und tiergerecht in ein Konzept zu integrieren, zum Wohle des Pferdes und auch letztlich zum Wohle des Reiters umzusetzen.

Fotos:
Ganz links:
Gruppenritt mit Paso Finos.

Links:
Entspannt im Gelände mit einem
Missouri Foxtrotter.

Unten ganz links:
Junge Pferde reitet man am besten
gebisslos an. Man muß sie aber auch
in der gebissloser Zäumung bereits
mit Druck konfrontieren, dem sie lernen müssen nachzugeben.
Dann kann man sie bereits in diesem
Stadium mit losem Zügel und
Gewichts- plus Schenkelhilfen reiten.

Unten links.
Die Freizeit genießen mit einem
Saddler im Westernstil.

Mind-Walking...

...für den fühlenden Reiter

Das mehr oder weniger
»begnadete Hinterteil« des
Reiters, die fühlende Hand
und der logische Verstand
sollen verantwortlich dafür
sein, was unter dem Sattel
geschieht. So steht es in
unendlich vielen
Fachbüchern und so schallt
es durch so manchen
europäischen Tattersall.

Ein entspannter Mensch schafft Vertrauen und entspannte Pferde.

Also muss es nicht auch in diesem Kapitel Erwähnung finden, wieviel Finger breit der Schenkel hinter dem Gurt liegt, wenn... Es soll hier einmal hinterfragt werden, welchen Anteil der übrige Körper, z.B. der Bauch, die Atmungsorgane, die Fußsohlen und auch der Geist, der in uns wohnt, für Gelingen oder Mißerfolg hat. Ein Fachblatt schrieb kürzlich einen Artikel mit der Überschrift »die Angst reitet mit«. Also sind doch sogar Stimmungen, Lebensumstände, Krankheiten des Reiters usw. verantwortlich für das Verhalten des Pferdes beim Reiten. Seit Jahrtausenden gibt es Beobachtungen, dass Pferde mit enger Beziehung zum Menschen sogar deren Krankheiten leben. Es gibt also mehr als schlampig hängende Schultern zu korrigieren oder nach außen zeigende Fußspitzen. Aber nennen wir es nicht Korrektur, nennen wir es lieber »Protokoll machen«.

Entspannung.

DAS PROTOKOLL

Wir nehmen Protokoll von uns auf, wenn wir uns dem Pferd nähern. Wie begegnet mir mein Pferd heute? Läßt es sich nicht fangen, weil man seit zwei Jahren bereits ein konsequentes Domi-

nanztraining an ihm versäumt hat (wieso eigentlich? Traut man sich das nicht zu? Liegt das Dominanzproblem eigentlich in einem selbst oder war man bloß zu faul? Hat man zu wenig Zeit? Was für einen Rückschluss lässt das vielleicht auf die eigene Lebensführung allgemein zu?)? Oder ist man einfach schlecht aufgelegt und das Pferd zieht es vor, mit einem in dieser Stimmung nicht zu kommunizieren, weil es nicht einschätzen kann, was man gerade ausstrahlt? Der Spiegel Pferd funktioniert nicht erst im Sattel, nur machen sich dort die Ausmaße eigener Unzulänglichkeiten dramatischer bemerkbar. Esoterischer Schnickschnack? Keinesfalls! Unsere

Pferde konnten nur seit Tausenden von Jahren überleben, weil sie gelernt hatten, auf winzigste Signale zu reagieren. Es handelt sich um Dinge, die wir sogar an uns selbst verlernt haben zu registrieren. Das Pferd nimmt sie aber mit feinsten Sinnen wahr. Es kann uns also, ndem es uns spiegelt, wichtige Informationen über uns selbst liefern. Allein der Wille, diese Dinge in uns zu bearbeiten, schafft oft schon Veränderung. Gehen wir mit diesem Bewußtsein auf das Pferd zu, werden wir sensibler und erfolgreicher, weil wir unerwünschte Reaktionen des Tieres nicht nur am Pferd selbst oder in rein technischen Ursachen suchen.

Die hintere Reiterin ist entspannt und bewegt den Körper für das Pferd hilfreich (richtige Hilfen). Die vorletzte Reiterin knickt in der Hüfte ein und hat somit keine Druckpunkte, um ihr Pferd korrekt in die Biegung zu reiten – es läuft unbeirrt geradeaus weiter.

»Nette Sachen machen«

Jeder hat heute schon von der TEAM-Arbeit der Linda Tellington Jones gehört. Z.B. wird in der Bodenarbeit durch freundliche Manipulation des Pferdenackens (Massage) der Kopf des Tieres gesenkt, um ihm die Idee der ständigen Fluchtbereitschaft zu nehmen, es zu entspannen. Unsere Motivation, etwas schönes für das Pferd zu tun, hat auch eine Umkehrwirkung auf uns. Noch bei der Ausführung werden wir ruhiger und entspannen selbst. Ähnliches können wir auch nur für uns selbst tun, wenn in uns in einer schwierigen Situation Angst aufsteigt oder es einfach nicht gelingen will, entspannt zu sitzen. Atmung ist ein Schlüssel dazu.

Atmen und andere Hilfen

Indem wir tief und regelmäßig in unser Becken atmen, wird uns eher Entspannung gelingen. Manche Pferde reagieren auch unter dem Sattel darauf derart sensibel, dass sie ebenfalls entspannen, langsamer werden oder flacher laufen, ja sogar zum Stehen kommen. Das Heben der Atmung in den Brustkorb und Steigern der Atemfrequenz bewirkt das Gegenteil. Selbst, wenn das Pferd hierauf nicht sensibel Reaktion zeigt, hat sich der Reiter in eine Position gebracht, von der aus er seinen Körper besser im Sattel wirken lassen kann. Er richtet seinen Oberkörper auf, ohne steif zu werden oder ein Hohlkreuz zu machen. Ein Wechsel von Bauch- zur Brustatmung und dabei in sich hineinhorchen, schult uns, Wechselwirkungen bewusster wahrzunehmen. Später soll die Atmung normal, ruhig und gleichmäßig sein. Bauch- und Brustatmung kann aber eben immer auch unterstützend mit anderen Hilfen gegeben werden. Wer einmal erfährt, wie viel Hilfe allein schon die Atmung für das Pferd ist (und für uns selbst!), der begreift viel schneller, wie wenig Zügeleinsatz das Reiten eines unverdorbenen Pferdes eigentlich erfordert und wie viel Freude es bereitet, sich mit so wenig wie möglich, aber so viel wie nötig Körpereinsatz zu verständigen. Wenn irgendetwas nicht funktioniert, also Protokoll machen! Wieso töltet das Pferd schon wieder so passig? Veranlagung des Pferdes? Eingeschlichene Fehlerquelle, die technisch am ehesten in gebogenen Linien, Seitengängen oder über Galopparbeit zu beheben ist? Oder ist man selber zu stark gespannt, physisch oder psychisch? Wenn die Beine immer wieder vorrutschen oder Knie hochgezogen werden, Protokoll machen! Gegensteuerung funktioniert oft wunderbar mit Gedankenhilfen, wie wir sie z.B. auch von Sally Swift kennen. Es ist besser daran zu denken, mit den Füßen im Hallenboden mitzulaufen, als immer wieder zu versuchen, die Knie nicht hochzuzie-

Harmonisches Einvernehmen – aber wie?

Funktioniert die Verständigung sind faszinierende Dinge möglich.

hen. Der Gedanke an das Knie macht starr und kontrollierend. Die Gedankenhilfe produziert das Bild, das ich mir wünsche. Man muss sich immer fragen, wie will man, dass es aussieht oder sich anfühlt? Es wird sich also zuallererst das Optimalbild vorgestellt. Dann baut man sich eine Gedankenbrücke. Der Reiter soll nicht unkritisch Befehlen des Lehrers gehorchen, sondern selber kreativ werden und den Lehrer als beobachtenden Helfer erleben; so erlernt man das Gefühl gerade für das Gangpferdereiten am besten. Es ist absolut legitim und im übrigen sehr entspannend, sich solche Gedankenhilfen zu kreieren. Wir als moderne Menschen mit meist achtstündigem Büroalltag müssen zunächst einmal uns, unsere Körper und unsere Seelen versuchen ins Gleichgewicht zu bringen. Dann erst ist es uns möglich, einen lockeren Sitz mit leicht gekipptem Becken zu erreichen. Daß diese Gedankenhilfen eben keine Auswüchse des New Age sind, sondern sehr wirksam z.B. auch beim heiltherapeutischen Reiten eingesetzt werden, zeigt wieder einmal, wie wichtig es ist, für Ideen aus verschiedensten Bereichen offen zu bleiben, wirklich Kenntnis über die Dinge zu erlangen und dann erst aus der praktischen Erfahrung heraus dar-

Das stolze Pferd zum Freund zu haben heißt seine Sprache sprechen und seine Zeichen verstehen...

über zu urteilen. Es gibt kein allein gültiges Reitgesetz, das andere Möglichkeiten ausschließt und es gibt auch nicht den »Reitguru«, der alle anderen Pferdeleute in den Schatten stellt. Der »Nichtprofi« sollte nun aber nicht den Fehler begehen, aus allen angebotenen Lehren das jeweils Netteste herauszusuchen und zu vermischen. Er sollte mit einem erfahrenen Pferdemenschen seines Vertrauens gemeinsam Ideen besprechen und geordnet anwenden. Auch jedes Buch kann nur Gedankenstütze sein, ersetzt aber

Gehe ich aggressiv auf das Pferd zu, wird es misstrauisch und will nicht mit uns kommunizieren. Spreche ich eine deutliche Körpersprache, bin ruhig und freundlich, wird auch das skeptische Pferd sich auf uns einlassen.

nie den leibhaftigen, kundigen Profi, der einen individuellen Plan für das jeweilige Pferd-Reiter-Paar zusammenstellt. Die klassische Hilfe zum Tölt z.B. gibt es nicht! Aber wenn dem Reiter gesagt wird, wann sein Pferd im Takt ist, kann er sich das Gefühl und die erteilte Einwirkung dazu merken. Bei einigen Wiederholungen weiß er schließlich selbst, wann es richtig ist und was er gemacht hat, dass es so wird. Die Bewegung des Pferdes zu erfühlen ist das wichtigste beim Reiten, gerade, wenn es um so etwas Uneinheitliches wie Tölt in seinen vielen Varianten geht. Es muss nochmals deutlich betont werden: Niemand wird um eine individuelle Einweisung mit seinem Gangpferd durch einen kundigen Profi herumkommen. Aber mit platten Aussagen über Zügelführung und Beinhaltung ist ein Ganzes oder wirkliche Harmonie zwischen Pferd und Reiter nicht zu erreichen.

Ganzheitliches Denken

Im Grunde muss man sagen, Reiten ist wie das richtige Leben. Ohne zu sich zu kommen im wörtlichen Sinn, ist wirkliche Zufriedenheit nicht lebbar. Wenn das Pferd in seiner Sensibilität in der Lage ist, uns zu spiegeln, weil es uns mit all unseren unbewußten Gesten und Stimmungen erfasst, so können wir nicht nur Reiten lernen, sondern erhalten viele wertvolle Aussagen über unser Verhalten, unsere momentane Lebenssituation und erhalten so vielleicht oft Anstöße, gewohnte Verhaltensmuster positiv zu verändern. Die Zeiten des Reitens als reine Technik müssen endlich ad acta gelegt werden. Gerade in der Gangpferdereiterei haben wir kein genormtes Pferd, das mit einer Hilfenfibel einheitlich zu bedienen wäre. Auch haben wir es mit weit mehr verschiedenen Ausrüstungen zu tun als mit Wassertrense, Hannoverschem Reithalfter und Vielseitigkeitssattel. Reiten hat in erster Linie mit Fühlenlernen zu tun! Da uns das als meist naturfernem Lebewesen recht schwer fällt, müssen wir uns in die Hände von Profis begeben, die beides können, den Reiter zu sich führen und zum Pferd und zum Reiten. Ein qualifizierter Profi darf daher nicht ausschließlich am Erfolg mit Pferden in der Öffentlichkeit gemessen werden. Jeder Reitschüler muss sich vielmehr davon überzeugen, dass sein erwählter Ausbilder in der Lage ist, den Reiter und sein Pferd ganzheitlich zu unterrichten. In der Medizin gewinnt das »Ganzheitliche Prinzip« immer mehr an Bedeutung, da man inzwischen weiß, dass die

Tiefe Bauchatmung: Die Reiterin ist entspannt – das Pferd wird ruhiger.

Verstärkte Brustatmung: Das Pferd spannt sich und wird aufmerksamer.

Entspannter Sitz mit leicht abgekipptem Becken. Regelmäßige ruhige Atmung.

Lebewesen dieser Welt viel zu komplex sind, als dass man sie ausschließlich auf Teile des Körpers reduzieren kann oder die Funktion dieser Teile nur technisch oder chemisch wiederherstellen kann.

Auch in der Gangpferdereiterei wird sich die Nachfrage nach ganzheitlicher Ausbildung in absehbarer Zeit durchsetzen. Es geht nicht nur darum, das Gangpferd zu bedienen, sondern

es geht darum eine Harmonie zu erlangen, durch die es möglich ist, die Natur, sich selbst und das Pferd als funktionierende Einheit zu erleben.

links: Die Reiterin wid aufgefordert, sich am Haarschopf selbst aufzurichten. Dann läßt sie den Schopf los und wird sich während des Reitens immer wieder an das Gefühl erinnern, am Haarschopf gerade aufgerichtet zu werden. Da das im Gedankenbild eine passive Einwirkung von außen ist, ist sie nicht bestrebt, sich selbst zur geraden Haltung zu versteifen.

Oben links und rechts: Manche Dinge müssen technisch erklärt werden , links unten: Gangarten wie den Tölt muß man zunächst spüren, um zu wissen, wie er sich später anfühlen soll..

Der Oberkörper ist zu weit hinten – die Beine sind zu weit vorgestreckt.

Die Reiterin ist verspannt und macht ein Hohlkreuz, das Pferd ist dabei stark vorlastig.

Wir lieben die geballte Kraft im Pferd.

Grundtraining aller Gangpferde

Bodentraining.

Longieren.

Dominieren.

Gymnastizieren.

Das verdorbene Pferd.

Die meisten Pferdefreunde sind inzwischen darüber informiert, dass Longieren nicht heißt, das Pferd mit Halfter und Longe im Kreis herumzujagen. Sie wissen, dass durch Bodentraining ihre Pferde Vertrauen zur Umgebung fassen, dass die Pferde viel über ihren eigenen Körper dabei lernen und dass Reiten ohne vorherige Bodenarbeit nicht sinnvoll ist. Auch darüber, dass Pferde Herdentiere sind, die es gewohnt sind, sich einer Rangordnung unterzuordnen, sind die meisten Pferdebesitzer informiert. Sie wissen, dass es für Mensch und Pferd am einfachsten ist, in der Sprache zu kommunizieren, die das Pferd versteht.

BODENTRAINING, LONGIEREN, DOMINIEREN

Das verdorbene Pferd - romantische Herausforderung oder Unfallherd?

Wenn der Mensch lernt, deutliche Aussagen durch seine Körpersprache zu machen, Gesten und Körperpositionen, die der Pferdekörpersprache nachempfunden sind, dann ist eine eindeutige Führungsposition des Menschen dem Pferd gegenüber keine Illusion mehr. Eine deutliche Dominanzstellung des Menschen dem Pferd gegenüber ist nicht nur schön und Grundlage für jede Harmonie dieser zwei sich völlig verschiedenen Wesen, sondern sie gibt dem Pferd eine Sicherheit, aus der heraus es überhaupt erst für die Dinge, die der Mensch von ihm erwartet, empfänglich wird. Ohne deutliche Dominanz des Menschen dem Pferd gegenüber, wird jeder Umgang miteinander unerfreulich für das Pferd und lebensgefährlich für den Menschen. Diese logischen Leitgedanken zum Umgang mit Pferden sind dann aber doch nicht so einfach in die Tat umzusetzen, wie es manches Video zum Thema zu versprechen scheint. Der Ungeübte provoziert gerade bei schwierig gewordenen Pferden böse Unfälle, wenn sein

Handeln nicht auf das jeweilige Pferd abgestimmt ist. Wer kann als Nichtprofi mit Sicherheit behaupten, dass sich sein Pferd der Aufgabe entzieht, weil es zu dominant ist oder weil es vielleicht mit der eigenen Dominanz überfordert ist oder weil es eigentlich generell sehr unsicher ist? Diese Entscheidungen sind aber in Bruchteilen von Sekunden zu fällen, wenn die Arbeit effektiv und unfallfrei verlaufen soll. Daher gilt für jeden Pferdehalter oder Reiter, dass er nicht ohne professionelle Anleitung experimentieren sollte. Pferde, die schwierig bis gefährlich geworden sind, gehören zur Korrektur in die Hand des Profis! Zumindest sollte man zur Hilfe einen Profi hinzuziehen, dann sind grobe Fehler zu vermeiden, man lernt eine Menge auch aus den Aussagen des Trainers und der gewünschten Harmonie kann sinnvoll entgegengearbeitet werden.

Was kann der Laie wirklich tun?

Umso wundervoller kann aber für jeden interessierten Pferdeliebhaber die Arbeit mit unverdorbenen und/oder jungen Pferden verlaufen. Damit sie nicht erst

schwierig werden, gibt es sehr wohl Übungen auch für den Nichtprofi, die sinnvoll die Pferd-Mensch-Beziehung beeinflussen, als Vorbereitung späterer Aufgaben dienen oder als Korrekturhilfe für Fehler, die sich unter dem Sattel zeigen. Voraussetzung ist für die intensive Arbeit immer der eigene Wille zur Konsequenz und Regelmäßigkeit. Das Pferd lernt durch immer gleiche Anweisungen und durch häufige Wiederholung in kurzen Trainingsintervallen. Es sollte lieber zweimal am Tag eine viertel Stunde geübt werden, als einmal am Stück zu lange. Mindestens vier- bis fünfmal wöchentlich muss Zeit für diese Arbeit da sein, egal ob es heiß ist, der Schnee treibt oder das Kind Geburtstag hat. Wer das durchhält, bis das Pferd die Lektion wirklich verinnerlicht hat, der kann beginnen. Die Ungeduld ist der größte Feind! Langsame Schritte führen eher zum Erfolg.

Roundpen-Training

Die sinnvolle Ausbildung jeden Gangpferdes beginnt im Roundpen. Der Roundpen sollte 18 m Durchmesser bei Jungpferden nicht unterschreiten, da Kraft mal Geschwindigkeit auf einer gebo-

Oben: Das Training von Pferden ist auch mit der sichersten Methode dennoch nicht ungefährlich.

Unten: Das Roundpentraining basiert auf dem Herdenprinzip. Der Ranghöhere treibt die, die unter ihm stehen und gibt den Ton an. Wir ahmen dieses Verhalten nach, treiben das Pferd im Roundpen, verlangen Stops und Richtungswechsel, bis uns das nach innen gerichtete Ohr des Pferdes anzeigt, daß es seine Aufmerksamkeit auf uns richtet. Meist zeigt es durch Kauen an, daß es über seine momentane Situation nachdenkt. Nun ist der Zeitpunkt gekommen, uns mit der Schulter vom Pferd abzuwenden und es somit aufzufordern, zu uns in die Mitte zu kommen.

genen Linie eine nicht zu unterschätzende Belastung für die Pferdebeine darstellen. Wer wirklich das Pferd frei arbeiten will, muss einen äußerst stabilen, hohen Roundpen benutzen(siehe Fotosequenzen). Je nach Gemüt des zu trainerenden Pferdes kann es passieren, dass das Pferd versucht, über die Begrenzung nach draußen zu gelangen (das geschieht bei weitem öfter als man sich das beim Lesen diverser Werke amerikanischer Ausbilder träumen lässt). Eine entsprechend stabile Bauweise kann Unfällen entgegenwirken (ist allerdings nicht ganz billig). Der Boden muss drainiert und rutschfest sein, sonst wird sich das Pferd unsicher fühlen und nicht entspannen. Prinzip des Roundpen-Trainings ist es, als Mensch die treibende Position des ranghöheren Pferdes einzunehmen. Wer treiben darf, ist der Boss. Bei vielen älteren Pferden muss mit Seil, Lasso oder Fahrpeitsche recht energisch getrieben werden, viele Richtungswechsel müssen erfolgen, bis das Pferd sich nicht mehr nach außen orientiert, durch entspannteres Laufen und Lecken sein aktives Mitdenken bekundet und das innere Ohr zum Menschen wendet, sich dem Menschen also aufmerksam zeigt. Das ist der Moment, das Pferd zu stoppen, sich selbst mit der Schulter abzu-

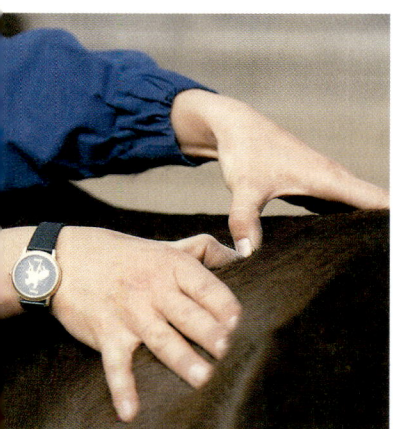

Wir beginnen nun mit freundlichen Dingen, die das Pferd mag, wie hier das Hautrollen an der Brust. Wir können den Tellington-Touch anwenden oder mit verschiedenen anderen Massagetechniken arbeiten, solange das Pferd Wohlbefinden zeigt..

wenden und so vom Treibenden zum Neutralen zu werden (bitte Fotos zur Roundpen-Arbeit beachten). Dreht das Pferd sich nun zur Mitte, läuft dem Menschen nach oder dreht auch nur den Kopf interessiert zum Menschen, ist das ein erstes Zeichen, dass der Mensch auf dem Weg zum Pferdeboss ist. Gerade bei sehr sensiblen Gangpferden wäre es zu viel verlangt, immer auf ein »in die Mitte kommen« des Pferdes zu bestehen. Viele sind sich nicht sicher, folgen zu dürfen. Gerade der Laien-Trainer kann sich auch nicht immer sicher sein, 100 %ig mit der Körpersprache eine deutliche Aufforderung gegeben zu haben. Daher ist es sicherer, jedes Anzeichen (wie beschrieben) mit Freundlichkeit dem Pferd gegenüber zu belohnen. Das Pferd wird nun an den Körperstellen gerieben, die es mag. Es wird, wenn nicht schon von selbst geschehen, in die Mitte des Roundpens gebracht. Das ist der Ort, wo immer Ruhe herrschen soll. Außen ist Bewegung und Arbeit. Erst später wird verlangt auch stehen zu bleiben, wenn kritische Punkte wie Ohren, Bauchnaht, Euter, Genitalien usw. berührt werden. Vorerst muss sich das Pferd aber in unserer Nähe (in der Mitte des Roundpens) schon mal sicher gefühlt haben. Verlangen

wir nun, dass sich das Pferd in Problemzonen berühren lässt, Hufe gibt usw. und es wehrt sich oder geht von selbst, schicken wir es energisch nach außen und treiben es, bis es wieder signalisiert, uns folgen zu wollen. Das Pferd wird erneut dazu aufgefordert (wie oben beschrieben) uns in die Mitte zu folgen. Wieder wird das Pferd an der ungeliebten Stelle berührt. Steht es still, wird es gelobt und wieder an seinen Lieblingsstellen gekratzt oder massiert oder »getoucht«, im Wechsel mit Berührungen an den Problemzonen. Steht es nicht, wird es wieder getrieben. Der Vorgang wird so lange wiederholt, bis das Gewünschte erreicht ist. Absolute Ruhe, Geduld und Liebe zum Pferd sind hierfür Voraussetzung. Immer nur ein Ziel für den Tag setzen! Am nächsten Tag kann man die Decke mit Gurt versuchen, danach die Zäumung, danach den Sattel, danach das erste Aufsitzen (auch schon vorher ohne Sattel!), das erste Reiten usw. Das System funktioniert pferdegerecht und macht Sinn. Vor Überforderung der Pferde ist jedoch zu warnen. Das betrifft das Ziel der Trainingseinheit sowie auch die Länge der Zeit im Roundpen. Die meisten Gangpferde haben kein Quarter-Horse-Gemüt, selbst wenn sie eher ruhige Gesellen sind. Es ist immer unbedingt auf die individuelle Pferdeseele zu achten. Nicht die strikte Erfüllung einer Aufgabe ist Zweck der Übung, sondern der Lerneffekt für das Pferd an diesem Tag, also vor allen anderen Dingen dem Menschen zu vertrauen und sich nicht entziehen zu müssen. Notfalls ist die Aufgabe zu verändern, der Schwierigkeitsgrad zu reduzieren. Hinter jedem Lehrtag steht das Ziel, den Menschen als ranghöher zu akzeptieren und ihm gleichzeitig zu vertrauen. Das Pferd wird eher diesen Weg beschreiten, wenn nicht im Vordergrund steht, dass man es innerhalb von 30 Minuten satteln und reiten kann. Die Beziehungsarbeit steht im Roundpen für unsere Gangpferde an erster Stelle. So können wir wirklich reinen Gewissens dominante, aber liebende Führer unserer Pferde werden. Inwieweit die Roundpen-Arbeit wirklich gewaltfrei ist, ist eine Frage der Definition des Wortes »Gewalt«. Das Pferd wird von seinen Artgenossen isoliert, es wird getrieben, ohne dass es wirklich flüchten kann, es wird gezwungen, sich der Situation zu stellen, es wird von uns Druck gemacht. Machen wir uns nichts vor, wir schlagen zwar nicht, aber erzeugen doch psychischen Stress. Ohne deutliche Forderungen an das Pferd zu stellen und diese mit Nachdruck zu unterstüt-

zen, gibt es keine Pferdeerziehung. Wir müssen das Pferdeverhalten dort begrenzen, wo es unerwünscht ist und jeweils eine Tür öffnen, die das Pferd finden kann und durch die es geht. Das Pferd möchte nicht unendlich lang im Round-pen rennen. Es lernt, dass es in der Mitte Ruhe findet. Wir lassen es nur dann ruhen, wenn es sich in gewünschter Weise verhält und schicken es andernfalls arbeiten. Das ist der Weg wie Pferde denken und wie sie lernen, zum sicheren Freizeitpartner für den Menschen zu werden.

Bodenarbeit

Ist erst einmal die Dominanzfrage geklärt, schließt sich eine Bodenarbeit an. Das Pferd kann mit Halfter und Führkette und Gerte, mit Lama-Führseil und Gerte, mit Parelli-Halfter und Führseil, mit Kappzaum und Gerte oder mit Sidepull und Gerte gearbeitet werden, manchmal reicht sogar ein Stallhalfter(stabil und gute Passform!) aus. Nicht der Ausrüstungsgegenstand ist der Schlüssel zum Erfolg, sondern die Art der Arbeit. Es ist sinnvoll, das Mittel nach der Sensibilität, dem Temperament und den Eigenheiten des Pferdes zu wählen und nach der Geschicklichkeit des ausbildenden Menschen. Es gibt

oben: Führkette nach LTJ.
unten: Vorsicht, das Halfter muß passen.

Menschen, die sich mit Führkette und Gerte die Finger zu brechen scheinen, beides einfach nicht koordinieren können und mehr auf sich als auf das Pferd achten, aber mit anderen Ausrüstungen super zurecht kommen. Andere werden nie herausfinden, wie sie korrekt mit Parelli-Ausrüstung arbeiten, ohne sich im Seil zu verfangen oder das Pferd ständig auf das Seilende laufen zu lassen. Die Wahl der Ausrüstung hängt also nicht allein vom Glauben ab, sondern von der eigenen Geschicklichkeit und der Individualität des Pferdes. In der Bildreihe findet man Bodenübungen, die mit allen Ausrüstungen zu machen sind und gute Vorbereitungen für unsere späteren Gangpferde unter dem Sattel sind. Auch für gerittene Pferde sind diese Übungen eine willkommene Abwechslung und tragen zur Vertrauensbildung bei.

Longieren

Wenn das Pferd gelernt hat, auf Abstand geführt zu werden und auch mehrere Führpositionen des Menschen akzeptiert, kann man dazu · übergehen, das Pferd zunächst im Schritt (später auch im Trab, im Tölt und noch später im Galopp) im kleinen Kreis zu longieren. In diesem geringen Abstand zum Pferd sind wir näher an ihm dran und können besser agieren, auch wenn sich das Pferd entziehen will. Im engen Kreis darf jedoch nicht länger als insgesamt fünfzehn Minuten gearbeitet werden. Immer erst, wenn alles in einer Gangart funktioniert, ist die nächste zu wählen. Auch sollte das, was im kleinen Radius wirklich funktioniert auf dem großen Longierzirkel geübt werden. Es gibt Pferde, die auf Grund

Führhalfter mit Kinnkette auf peruanische Art.

Lamaseil im Nasenteil verstärkt.

Bodenarbeit

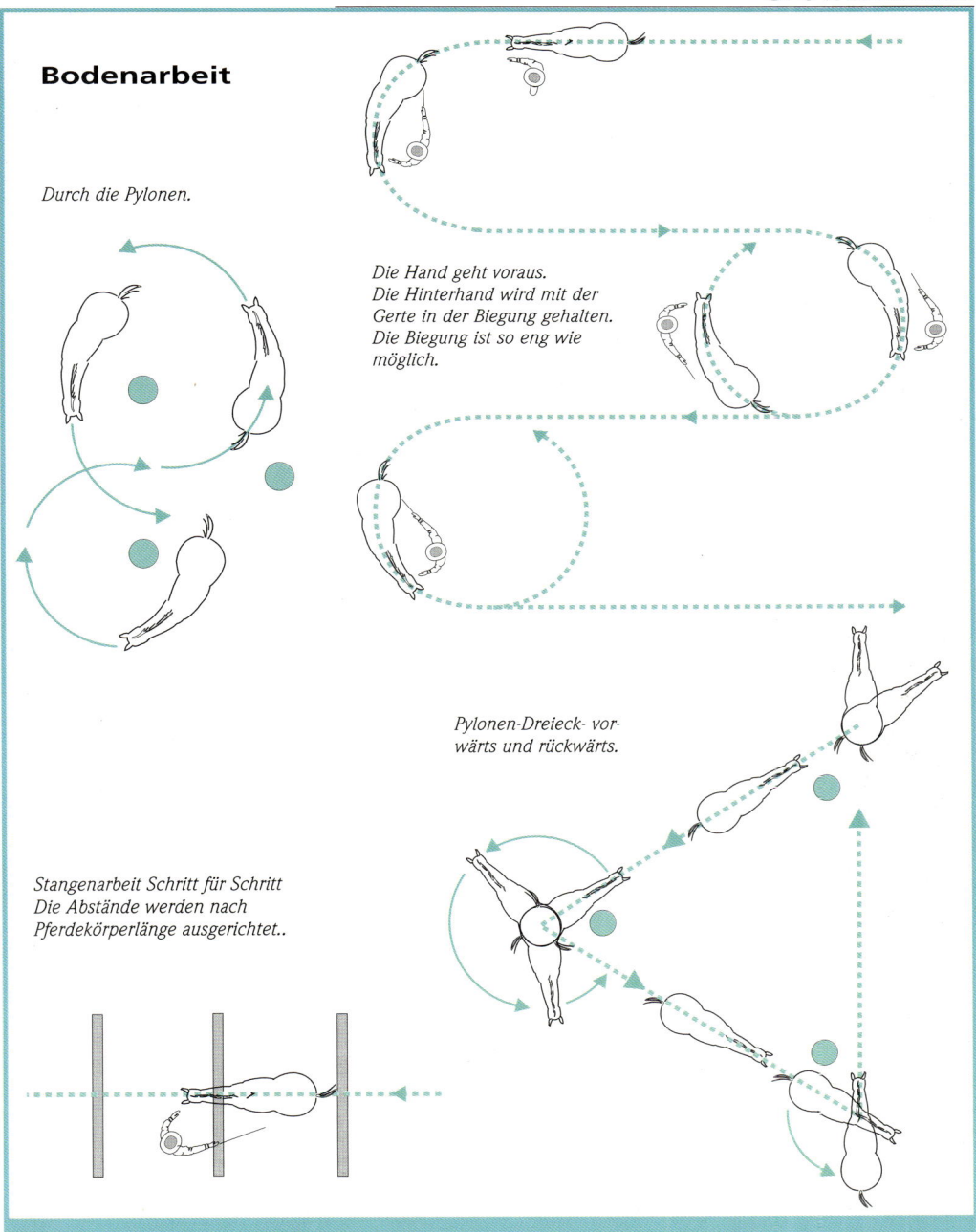

Durch die Pylonen.

Die Hand geht voraus.
Die Hinterhand wird mit der
Gerte in der Biegung gehalten.
Die Biegung ist so eng wie
möglich.

Pylonen-Dreieck- vor-
wärts und rückwärts.

Stangenarbeit Schritt für Schritt
Die Abstände werden nach
Pferdekörperlänge ausgerichtet..

ihres Temperaments zunächst ihre innere Spannung in Bewegung umsetzen müssen, bevor sie sich auf die eigentliche Arbeit konzentrieren können. Es ist o.k., sie vor dem eigentlichen Longieren frei laufen zu lassen oder sie an der Longe galoppieren zu lassen, bis sie anzeigen, dass sie nun zur Konzentration bereit sind. Dieses Austoben an der Longe darf jedoch nicht damit enden, dass der Longenführer wie das Fähnlein im Wind vom Pferd hinterhergezogen wird. Das Pferd sollte durch Impulse an der Longe auf dem Longierzirkel zu halten sein. Die longierende Person soll wie im Roundpen durch verschiedene Körperpositionen angeben, was genau vom Pferd verlangt wird und kann das nun noch durch den verlängerten Arm „Peitsche" unterstützen. Vorsicht ist bei hochsensiblen Gangpferden geboten, für die ein ausgestreckter Arm auf einer bestimmten Körperteil gerichtet völlig ausreicht, da sie auf jedes weitere Hilfsmittel (Gerte, Peitsche) überreagieren, obwohl sie keine Negativerfahrung damit gemacht haben. Es kommt vor, dass der Longenführer unbewußt widersprüchliche Signale gibt, wenn er z.B. mit der Peitsche treibend am Sprunggelenk oder in Kruppenhöhe wirkt aber sein Blick auf die Schulter (verwahrend) oder gar

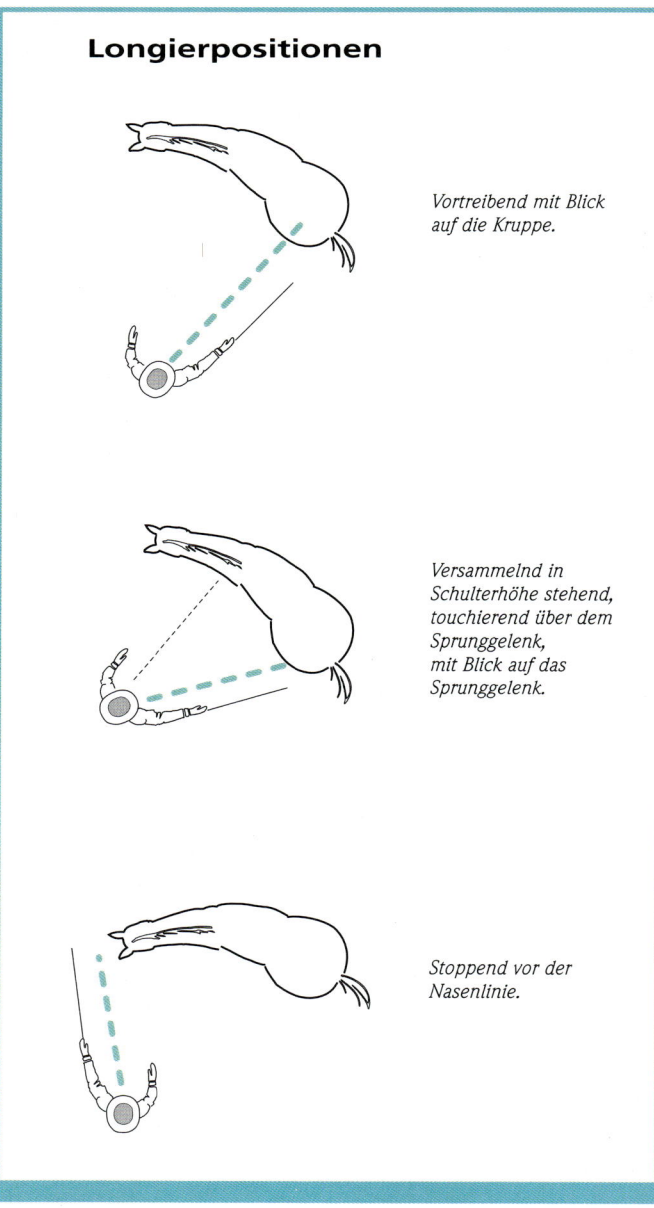

Longierpositionen

Vortreibend mit Blick auf die Kruppe.

Versammelnd in Schulterhöhe stehend, touchierend über dem Sprunggelenk, mit Blick auf das Sprunggelenk.

Stoppend vor der Nasenlinie.

Parelli-Halfter

auf die Nase des Pferdes (stoppend) gerichtet ist. Entzieht sich das Pferd der Situation, indem es sich nach innen wendet oder aber nach außen versucht wegzuspringen oder rückwärts läuft, ist immer erst das Zusammenspiel der eigenen Signale zu überprüfen. Waren diese eindeutig und das Pferd möchte sich trotzdem entziehen, ist zu überprüfen, ob der Longierradius und die abverlangte Gangart und Geschwindigkeit überhaupt schon der Biegsamkeit des Pferdes entspricht. Biegung entsteht auf der Innenseite, während die Außenseite des Pferdes sich dehnen muss. Das kann schon mal kräftig in den Muskeln und Bändern ziehen und unangenehm für das Pferd sein. Schmerz oder Unangenehmem versucht sich das Pferd durch Flucht zu entziehen. Das ist seine Natur und verständlich. Wir sind es, die aus dieser Erkenntnis heraus zu reagieren haben, indem wir nur dem Pferd abverlangen, was ihm auch möglich ist.

Weniger ist mehr

Es ist nicht ganz einfach, an die Leistungsgrenze des Pferdes zu kommen, ohne sie zu überschreiten. Einen Schritt zurück in der Ausbildung bringt das Pferd oft weiter und im Prinzip schneller

voran. Ständig deutlich unter der Leistungsgrenze zu bleiben, fordert das Pferd jedoch zu wenig. Wer lernt, mit Sensibilität vorzugehen, anstatt dem Kalender oder der Uhr zu folgen, wird auf Dauer Gefühl entwickeln und einzelne Lernschritte beim Pferd besser fixieren. Selbstverständlich gibt es aber auch widerspenstige Geister, die sich grundsätzlich erst mal entziehen wollen, bevor sie die

Möglichkeit zur Mitarbeit in Betracht ziehen. In diesen Fällen ist darauf zu achten, so energisch zu sein, dass es für das Pferd zu unbequem werden würde, unserem Anliegen nicht zu folgen. Wir müssen beharrlich, energisch, aber nicht aggressiv vorgehen. Meistens sind aber nur die Pferde schwierig, die vorher mit der Inkonsequenz des Menschen Erfahrung gemacht haben und

Longieren mit Kappzaum.

Gehorsam und andere Lernziele

meinen, es gäbe keine Notwendigkeit, dem Menschen folgen zu müssen. In den seltensten Fällen ist Starrsinn genetisch fixiert und wenn doch, sollte man sich ernsthafte Gedanken über die Reiteignung dieser Zuchtlinie machen. Wenn Profis sich auf Grund der vielleicht tollen Bewegungen trotzdem mit diesen Pferden streiten mögen, heißt das nicht, dass diese Pferde für den Normalreiter jemals erträglich sein werden.

Durch das Longieren des Gangpferdes soll Gehorsam, Biegsamkeit und Elastizität des Pferdes geschult werden. Erfahrungsgemäß eignet sich am besten ein lederner Kappzaum mit drei Ringen auf dem Nasenteil oder ein anderer Zaum mit einem Ring in der Mitte des Nasenbandes, in den die Longe eingehängt wird. Der Zaum muss dem Pferd gut passen und darf sich bei Zug an der Longe nicht am Pferdekopf verdrehen. Der Ring in der Mitte des Nasenteils ist wichtig, da wir dort Impulse setzen, die den Pferdekopf nach innen stellen, ohne dass sich das Pferd dabei im Genick verwerfen wird. Die Longe wird auf Spannung gebracht und erst dann wird durch Zupfen und sofortiges Nachgeben ein Signal gegeben. Es dürfen auch schnell hintereinander Signale folgen, wenn der gewünschte Effekt

Fortgeschrittenes Pferd – mit Halfter und Körpersignalen longiert.

nicht beim ersten Mal erzielt wird. Auf jeden Fall muss vermieden werden, dass die Longe ständig unter Spannung steht. Läuft das Pferd nun mit nach innen gestelltem Kopf, wird es zunächst versuchen, mit der Hinterhand nach außen zu weichen. Wir unterstützen nun die Hinterhand durch Touchieren am Sprunggelenk, in dem Moment, wo der innere, hintere Fuß abhebt. Gleichzeitig stehen wir verwahrend in Schulterhöhe des Pferdes, sodass es den

Impuls nicht einfach in Geschwindigkeit umsetzt. Das Pferd setzt diesen Fuß nun weiter unter seinen Schwerpunkt, erzeugt mehr Biegung in der Wirbelsäule und erzielt außen mehr Dehnung. Durch regelmäßige Übung wird das Pferd bald feststellen, dass es sich so sicherer bewegt und stützen kann und diese Lektion daher selber korrekt gehen will. Am sichersten erzielen wir die Biegung, indem wir mit einer äußeren Begrenzung (Longierzir-

kel, Roundpen) arbeiten. Auch eine zweite Person, die an der Außenseite des Pferdes wirkt, kann sehr hilfreich sein. Wir halten das Pferd an, indem wir unsere Position auf Nasenhöhe des Pferdes ausrichten (energischer Schritt nach vorn und Stimmsignal!) und gleichzeitig wieder das Sprunggelenk touchieren - innen und außen. Das Pferd soll lernen, die Energie der Bewegung beim Anhalten auf der Hinterhand abzufedern und nicht

Die Arbeit an der Doppellonge.

mit der Vorhand abzufangen. Das wird später aus jeder Gangart geübt und es wird dann auch verlangt, aus dem Halt auf Kommando in jeder Gangart anzuspringen. Ein Wechsel der Gangarten zum Halt, aus dem Halt in beliebige Gangarten und immer in korrekter Biegung ist die beste Vorbereitung des Bewegungsapparats auf das Reiten. Außerdem lernt das Pferd genau auf Anweisungen des Körpers und der Stimme des Menschen zu reagieren, was dem Reiter vom Sattel aus die ersten Lernschritte sehr erleichtert und dem Pferd die Sicherheit gibt, in der neuen Situation etwas Vertrautem folgen zu können. Ist das Pferd einmal an das Gebiss gewöhnt, kann dieses zusätzlich eingeschnallt werden, es darf auch daran ausgebunden werden, die Longe aber wird immer nur auf der Nase wirkend eingesetzt, um das Maul sensibel zu halten. Aufbauend auf dieser Arbeit kann mit der Doppellonge gearbeitet werden. Außer auf dem Zirkel können nun auch alle erdenklichen anderen Bahnfiguren oder selbst erdachte Linien verfolgt werden. Vor allem Seitengänge können hier geschult werden, die auch später zur Korrektur z.B. besonders passveranlagter Gangpferde von Bedeutung sein werden. Bei der Schulung der Seitengänge ist davor zu warnen, Lektionen zu wählen, bei denen viel Seitwärtsabstellung bzw. viel Übertreten

Bei entsprechender Gymnastizierung sind Stops aus jeder Gangart möglich.

der Vor- und Hinterhand gefordert wird.

Sinn und Unsinn von Seitengängen

Auch ausschließliches Seitwärtsgehen ohne Forwärtsbewegung ist anfangs alles andere als sinnvoll. Die noch nicht voll entwickelte Rückenmuskulatur kann die Wirbelsäule in dieser Art Übung noch nicht stabil halten. Das Pferd versucht sich durch Wegdrücken des Rückens zu entziehen, läuft brav seitwärts, kreuzt die Beine, aber arbeitet ins Hohlkreuz. Da gerade unsere Gangpferde sowieso gerne dazu neigen, müssen wir ihnen beibringen, den Rücken aktiv zu benutzen, ihn aufzuwölben. Am ehesten erreichen wir das durch Übungen wie Schulterherein oder Kontraschulterherein, aber erst dann, wenn wirklich genug Bewegung da ist, um tatsächlich Schub zu entwickeln! Ein Dahinschleichen kann nie gymnastizierend wirken. Um zu gymnastizieren, muss Bewegung durch den Körper gehen. Man beginnt mit dem Kontraschulterherein, bei dem der Winkel der Abstellung gerade soviel beträgt, dass das innere, hintere Bein in die Spur des vorderen, äußeren Beins tritt. Der Vorteil ist der, dass das Pferd zur Bande hin gerichtet läuft und so nicht nach vorne wegspringen kann. So ist es leichter darauf zu achten, nicht zu viel Abstellung zu

erhalten, wobei das Pferd verstärkt auf die Vorhand kommen würde. Beim Schulterherein tritt das innere, hintere Bein schräg unter das Pferd und entwickelt die Bewegungsenergie nach vorwärts und leicht seitwärts. Das Pferd lernt hier, das Hinterbein aktiv schiebend zu benutzen (wichtig für spätere Versammlung!) und die Vorhand zu entlasten. Diese kreuzt und wird frei und elastisch. In der Regel benötigt man also zwei Hufschläge. Bei dieser Übung entsteht eine Diagonalbewegung in der Rückenmuskulatur und im Hüftgürtel, die sehr lösend wirkt. Dies ist also als gymnastische Übung spektakulären, aber falsch gegangenen Seitengängen vorzuziehen. Erst viel später, wenn das Pferd gelernt hat, den Rücken aktiv zu nutzen und unter den Schwerpunkt zu treten, können Übungen wie Travers und Traversalen geübt werden (nur mit Helfer!). Hat das Pferd an der Longe und Doppellonge erfahren können, wie es seine Schubkraft effektiv nutzten kann, wird es nun auch unter dem Sattel leichter die gelernten Bewegungsabläufe einsetzen können.

Aufsteigen am losen Zügel.

GYMNASTIZIEREN AUF DEM PLATZ UND IM GELÄNDE

Erst nach gründlichster Vorbereitung am Boden wird unser Gangpferd zum Reitpferd ausgebildet. Es wird zum absolut ruhigen Stehen erzogen, wenn wir mit durchhängendem Zügel aufsteigen. Es bewegt sich nicht von der Stelle, bis der Reiter die Zügel aufnimmt und das Signal zum Anreiten gibt. Vorher wird nicht losgeritten! Das Signal zum Anreiten erfolgt mit Ruhe. Der Reiter atmet ein, gibt aus lockeren Beinen heraus einen Impuls mit den Schenkeln und gibt die Hand vor, evtl. eine entlastende Gewichtshilfe nach vorn. Geht das Pferd nun im Schritt, sind die Reiterschultern entspannt, der Rücken schwingt passiv mit der Bewegung des Pferdes mit, das Becken ist nicht aufgerichtet, sondern leicht nach hinten gekippt, die Beine hängen lang herunter und haben hauchdünne Fühlung zum Pferdeleib (sie werden weder vorgestreckt noch übertrieben nach hinten verlagert.

Nur wenn der Sitz des Reiters derart locker ist, kann auch das Pferd entspannt und locker sein.

Signalreiten

Hilfen werden nur als Signal erteilt. Danach lässt man das Pferd in Ruhe. Das gilt für alle Gangartenwechsel, Anreiten, Anhalten. Folgt das Pferd der Aufforderung nicht, werden die Signale verstärkt und evtl. mit Hilfsmitteln (Gerte, Sporen) unterstützt. Nicht zehnmal nachfragen, sondern einmal anfragen, noch eine Chance geben und dann aber sehr deutlich werden. Die Pferde müssen zu punktgenauer Ausführung unserer Anweisungen erzogen werden und sie müssen erfahren, dass es angenehmer ist, auf leichte Anweisung zu reagieren. Andernfalls macht der Reiter die Anweisung recht unbequem. Unsere Gangpferde werden nicht ständig mit dem Schenkel getrieben und wir spielen nicht dauernd am Gebiss. Es ist keine Hilfe für unsere Gangpferde, jeden Schritt kontrollieren zu wollen. Die meisten fühlen sich sogar gestört. In der Regel haben wir es mit mittelgroßen, eher quadratischen Pferden zu tun, die nicht ständig daran erinnert werden müssen, unter ihre lange Mittelhand (wie z.B. beim Warmblut) zu treten. Wir erziehen unsere Pferde dazu, mit der Hinterhand unter den Schwerpunkt zu treten, indem wir die Hinterhand mit den Schenkeln aktivieren und nun den entstehenden Schub mit der Zügelhand für einen kurzen Moment abfangen. Haben wir nun das Gefühl,

Wertvolle Helfer im Gelände: Bodenhindernisse.

der Rücken des Pferdes hebt uns ein wenig an, ist uns das Zusammenspiel der Hilfen gelungen, das Pferd will sich versammeln. In diesem Moment treibt das Bein nicht mehr und der Zügel gibt deutlich nach. Will das Pferd nun wieder diese Haltung aufgeben, setzen wir erneut ein Signal, das bei korrekter Antwort durch das Pferd sofort aufhört. Anfangs werden die Signale sehr deutlich und sicher auch häufig gegeben werden müssen. Sobald das Pferd aber versteht, wie es sich bewegen soll und wann es in Ruhe gelassen wird, nimmt die Notwendigkeit ab, häufig helfen zu müssen (Hilfen zu geben). Dieses System funktioniert vor allem im Schritt, Trab und Galopp. Hier kann der Rücken schwingen und kann zum sich Aufwölben gebracht werden. Auch bei der Übung zum Halt wird das Pferd erst rund gemacht und mit einem nachfolgenden deutlichen Impuls zum Stehen gebracht (Becken abkippen, Rücken rund machen, Po- und Oberschenkelmuskulatur kurz spannen, Unterschenkelimpuls zum Aktivieren der Hinterhand, Zügel leicht annehmen, Ausatmen, Stimmsignal).

Ein gut gymnastiziertes Pferd macht dem Reiter Freude.

Oben: Übungen im Tölt

Biegung auf erdachten Linien sowie auch um Hindernisse sind unerlässlich für die Schulung des Gangpferdes. So wird es seine Gänge besser zeigen können. Am Beispiel einer Linksbiegung sollen die Hilfen erklärt werden: die innere (linke) Hand wird höher genommen, um die Stellung einzuleiten. Der innere Schenkel veranlaßt das innere Hinterbein des Pferdes weiter vorzutreten (Schenkel impulsartig einsetzen) denn es soll unter den Schwerpunkt treten, um Gewicht aufzunehmen. Hierbei biegt sich nun auch der hintere Wirbelbereich. Damit das Pferd nun diese Bewegungsenergie nicht einfach in Geschwindigkeit umsetzt, fängt die äußere Hand den Schub mit dem Zügel ab (Loslassen nicht vergessen). Der äußere Schenkel liegt ohne Druck auf Tuchfühlung. Kommt nun die Hinterhand dagegen (fällt die Hinterhand aus), spüren wir mehr Druck am Schenkel. Mit impulsartiger Druckerwiderung wird die Hinterhand erneut begrenzt.

Links: Biegung auf dem Zirkel im Galopp

Langsames Tempo Tölt schult hervorragend bergauf ...

Tölt

Im Tölt benötigt das Gangpferd nun mehr Spannung im Rücken und je nach Begabung mehr oder weniger Impulse, um in einen klaren Viertakt zu finden (mehr dazu in Kapitel 7). Es ist zu empfehlen, das Gangpferd über viele gebogene Linien zu gymnastizieren, durch Kontraschulterherein und Schulterherein (siehe Kapitel »Longieren«), durch das Reiten von Übergängen und sehr viel Geländerei-

ten. Für weiterführende Übungen(auch längere Strecken im Tölt) müssen unbedingt die Rücken- und Bauchmuskeln in gleichem Maß aufgebaut werden. Die einzige Gangart, in der beide Muskelgruppen gleichzeitig trainiert werden können, ist der Galopp. Manche Gangpferderassen verschlechtern tatsächlich den Tölt über zu viel Galopparbeit unter dem Sattel. Galopp an der Longe aber hat auch bei diesen Pferden Erfolg. Beinsehnen kön-

nen gerade bei Rassen, die eher durchtrittig sind, im Schritt auf harten Böden (täglich ca. 20 Minuten) gestärkt werden (keine Reparaturmöglichkeit!). Die Unsitte, Gangpferde ständig im Tölt auf harten Böden laufen zu lassen, hat gerade dort Beinleichen hervorgebracht, wo a) der Muskel- und Sehnenaufbau vor dem Gangtraining als nicht so sehr notwendig erachtet wurde, wo b) die Pferde schon genetisch veranlagte Beinschwächen mit-

... und bergab.

brachten und c) bei Pferden, die durch sehr energische Auffußung auffallen. Es muss nicht extra erwähnt werden, dass zu frühes Anreiten ebenfalls Beine dauerhaft schädigen kann. Vor allem aber Menschen, die um jeden Preis ihre Pferde spektakulär auffallen lassen möchten und diese Demonstrationen übertreiben, richten Schaden am Pferd an. Sicher gibt es in einigen Rassen züchterische Fehler, durch die Durchtrittigkeit verursacht wurde

(man hat hier aber stark hinzugelernt und sieht bei neueren Nachzuchten immer seltener solche Pferde). Robuste Zuchtlinien, gute Vorbereitung der Pferde und vernünftiger Aufbau kann allein auf spätere Belastung vorbereiten. Eine gute anschließende Gymnastik für das Gangpferd ist der Tölt im langsamen bis mittleren Tempo über hügeliges Gelände geritten. In den USA werden z.B. Classic-Fino-National-Champions bei namhaften Trainern im Gelän-

de gemacht. Es ist ein Irrglaube, dass Gangpferde immer ebene Böden für den Tölt brauchen. Zur Kontrolle der Taktreinheit benötigt man hingegen unbedingt eher harten, ebenen Boden und zum Hören des Takts am besten noch einen Fino-Strip (eine Art meterlanges Klangbord oder hölzerner Laufsteg). Zum Trainieren aber ist unregelmäßiges Gelände geradezu genial. Wieso sind denn Import-Isländer bis zum heutigen Tage so sehr beliebt? Weil sie

Schritt am Hang aufwärts kräftigt die Hinterhand.

durch die isländisch rauhe, unebene Landschaft an Trittsicherheit und oft auch an Tölt kaum zu überbieten sind. Sehr gymnastizierenc sind auch Übungen im Schritt am Hang. Man kann am Hang anhalten und rückwärtsrichten, um dann direkt wieder im Schritt anzureiten, später anzutölten oder anzutraben. Dann folgt erneutes Stehenbleiben, Rückwärtsrichten und wieder Anreiten. Das kann auch auf dem ebenen Platz geübt werden, hat aber im Gelände am Hang mehr Effekt. Gerade zum Paß tendierende Pferde werden so oft lockerer und sind allein über ein gutes Gymnastikprogramm abwechselnd auf dem Platz und im Gelände teilweise ohne Beschlagshilfe zu korrigieren. Auch im Schritt über Hügel zu reiten, fördert den Muskelaufbau. Die Kruppenmuskulatur ist kaum anders als über lange Schrittphasen (aber vorwärtsgehen!) zu trainieren.

Überhaupt kommt dem Schritt eine hohe Bedeutung in der Ausbildung von Gangpferden zu. Neben der durchaus stärkenden Eigenschaft, kann das Pferd in dieser Gangart neue Lektionen besser lernen. Da der Bewegungsablauf langsamer als in anderen Gangarten vor sich geht, hat das Pferd mehr Ruhe zum Lernen. Schritt ist als lösende Gangart für Pferdekörper und Geist unersetzlich (für manchen

Cavalettis fördern die Diagonalgänge und wirken dem Pass entgegen.

Ein Sprung sorgt für Dehnung und kräftigt die Hinterhand.

Reiter auch). Ein guter Schritt ist die Grundlage für jede weitere korrekte Gangart. Ist der Schritt schon nicht sauber, wird sich das Pferd in anderen Gangarten erst recht schwer tun. Jede Gangkorrektur beginnt nicht in der unkorrekten Gangart, sondern im Schritt!

Stretching

Unbedingt erwähnt werden muss noch das Stretchen oder Flexen, wie es auf den Fotos zu sehen ist. Von den Südamerikanern und auch aus dem Westernbereich abgeschaut, hilft es unseren Pferden, Elastizität im Hals und im Nackenbereich zu erlangen. Auch die Schultermuskulatur wird passiv gedehnt. Man kann diese Übungen schon in die Bodenarbeit integrieren oder/und vom Sattel aus praktizieren. Ein gut gestrechtes, geflextes Pferd erhält in hohem Maße Flexibilität im Genick, wird der Zäumung besser nachgeben und wird sich mit leichtestem Zügelkontakt oder am losen Zügel regulieren lassen. Es ist eine gymnastische Übung, die wie nebenbei auch noch Gehorsam schult. Das Pferd lernt, dass es dem Druck der Zäumung nachgeben muss (bitte nur mit gebissloser Zäumung oder Wassertrense!).

Paso Peruano.

oben links: Flexen muß zunächst am Boden geübt werden.

*oben rechts: Zunächst stretchen bis zum Steigbügel
(Dehnung der unteren Halsmuskulatur).*

unten links: langsam vorarbeiten ...
*unten rechts ... bis die Nase zum Buggelenk geführt wird
(Dehnung der oberen Halsmuskulatur).*

Paso Peruano in voller Montur.

Spezielles für die Spezialisten

Sinn und Zweck rassetypischer Ausrüstung
und Umgang mit speziellem Zubehör.

Da die Gangpferderassen sich recht deutlich voneinander
unterscheiden, Herkunft und Gangspezialitäten
unterschiedlich sind sowie auch Temperament und
Charaktere der einzelnen Rassen und Schläge unter-
einander meist nicht vergleichbar sind, wurden auch
unterschiedliche Trainingswege entwickelt und
unterschiedliches Zubehör gebraucht.
Den Hauptunterschied machen wohl die verschiedenen
Zäumungen aus.

SÄTTEL

Sättel und schmückendes, bis nützliches Beiwerk sind sehr durch das Herkunftsland und die dort ansässigen Menschen, aber auch durch unterschiedliche Materialien geprägt. Nicht jede Rasse hat mit so exotischem Zubehör aufzuwarten wie der Peruanische Paso (Foto), aber kein Gangpferd sollte z.B. mit einem englischen Vielseitigkeitssattel geritten werden. Grund dafür ist, dass die Sättel, die uns aus dem »Englischreiten« bekannt sind, für ganz andere Zwecke konstruiert wurden. Sie weisen eine kleine Auflagefläche auf, um den Reiter punktueller sitzen und einwirken zu lassen. Das ist im Dressursport sicher auch sinnvoll, da weder die Übungen noch der Sattel für stunden- oder tagelanges Reiten entwickelt wurden. Unsere Gangpferde aber sind fast alle für das Bewältigen von größeren Distanzen gezüchtet worden und werden auch bei uns häufig auf langen Strecken eingesetzt. Diesem Anspruch sollten nun auch die jeweiligen Gangpferdesättel gerecht werden, die das Reitergewicht über mehr Rücken verteilen sollen. Von verschiedenen Firmen werden hier in unterschiedlichen Qualitäten Gangpferdesättel angeboten, die optisch dem »Englischsattel« ähnlich sind, aber durch verlängerte Trachten der Aufgabe des Verteilens von Gewicht auf dem Pferderücken eher gerecht werden. Eine gewünschte gleichmäßige Verteilung ist aber auch hier nur dort gegeben, wo nicht etwa der Schwerpunkt des Reiters nach hinten verlegt wird. Bei der Überwindung größerer Distanzen ist von solchen Sätteln abzuraten. Anders bei Pferden, die zum Beispiel für die Präsentation ihrer speziellen Töltvariante auf ein Turnier vorbereitet werden. Hier

Töltsattel.

Westernsattel im Oldtimer-Stil.

geht es darum, durch Verlagerung des Schwerpunkts nach hinten die Schulter des Pferdes frei zu bekommen und die Hinterhand besser erreichen zu können, um sie aktiver zu machen. Gerade bei Gangpferden mit Tendenz zur Töltverschiebung kann ein solcher Sattel im Training hilfreich sein. Häufig sieht man Trachtensättel mit und ohne Schwerpunkt nach hinten, vor allem auf Isländern, aber auch auf anderen Gangpferden. Der Töltsattel mit dem Schwerpunkt im hinteren Bereich sollte trotz aller Versuchung nicht zu weit hinten gesattelt werden. Tragen kann das Pferd nur dort,

wo die Wirbelsäule recht stabil ist, also im Brustwirbelbereich. Damit die Lendenwirbelsäule als ungeschützter, schwingender Bereich frei bleibt, darf sie auf keinen Fall zu viel Last aufnehmen. Hilfsmittel sind dann sinnvoll, wenn die Gesundheit des Pferdes nicht in Frage steht.

Auch der Westernsattel findet häufig Verwendung auf Gangpferden und verteilt (wenn er vom Fachmann angepasst wurde!) optimal das Reitergewicht über dem Rücken des Pferdes. Das Gewicht des Reiters soll über dem Schwerpunkt des Pferdes liegen, also über dem Punkt, wo man das

Pferd theoretisch an einem Band aufhängen könnte, um es in der Luft auszubalancieren. In der Regel eignen sich Reiningsättel durch ihren »close contact« (Beinnähe zum Pferd) am ehesten für das Reiten von Gangpferden, da das Bein ja immer in einsetzbarer Position (nicht zu weit weg vom Pferd) liegen soll. Westernsättel sieht man oft auf Gangpferden, die mit weniger Spannung geritten werden, sodass sie insgesamt nicht sehr viel Zügelkontakt oder Kreuzhilfen brauchen. Vor allem findet man diese Sättel in den Freizeitbereichen, die nicht zum Gangpferde Turnier-

Peruanischer Sattel.

Ultra-Flex-Sattel.

sport zählen. So sieht man sie häufig auf Töltdistanzen, Wanderritten und z.B. auf westerngerittenen Missouri Fox Trotters. Auch Tennessee Walker, die sich nicht wie ihre amerikanischen Verwandten in der Show mit spektakulären Bewe-gungen zeigen müssen, werden häufig im Westernstil geritten. Für American Saddlebreds und Paso Finos gibt es sogar eine Western-Pleasure-Prüfung auf Turnieren in den USA. Man sieht auch den ein oder anderen Isländer mit Westernsattel sowie auch Paso Peruanos, Mangalarga

Marchador und Töltende Traber. Wenn man jedoch für Turniere trainiert, wird man bei zumindest stark fünfgangveranlagten Pferden oft nicht um Sattel-schwerpunkte herumkommen. Bei allen anderen gilt, ob Western- oder Ultraflex-Sattel, der Sattel muss unabhängig von der Optik in erster Linie Pferd und Reiter passen. Der Mclellan-Sattel findet vor allem in den Ursprungsländern der Paso Finos Verwendung. Er ist leicht (4-6 kg) und besteht lediglich aus einem mit Leder überspannten Holz-

baum. Ursprünglich war er der Sattel der US-Armee, billig, leicht mit vielen Befestigungs-möglichkeiten für Gepäck. Leider haben diese Sättel meist eine schlechte Passform (auch auf Pasos!) und passen also nur auf sehr wenige Pferde. Der reich verzierte peruanische Sattel ist ein Kunstwerk und schmückt wirklich jeden Peruanischen Paso. Da man im Ursprungsland eine andere Auffassung von Gymnastizierung hat, als das, was wir darunter verstehen, thront der Sattel weit über dem Pferd und ist somit vor

Kolumbianisches Bosal plus Fino-Bit und Doppelzügel.

Peruano-Zaum mit Halfter und Bit, mit jaquima und bocado.

allem für die Übertragung von Gewichtshilfen prädestiniert. Auf unsere in der Regel gut gefütterten Pasopferde passt aber auch dieser Sattel nicht immer, da die Fork (Vorderzwiesel) und die Bars (tragende Elemente im Baum) meist zu eng gestellt sind. Außerdem fehlt die Beinnähe zum Pferd. Gut bewährt haben sich im gesamten Gangpferdebereich Ultra-Flex-Sättel mit flexiblem Sattelbaum. Sie haben optimale Gewichtsverteilung, passen sich den Bewegungen der Pferde gut an (und zwar in allen Gangarten, nicht nur im Tölt!) und sie können in jeder erdenklichen Optik gewählt werden. Auch sie müssen, wie alle Sättel, vom Fachmann für das jeweilige Pferd angepasst werden. Er ist für alle Einsatzbereiche (Gangartentraining, Distanz, Dressur) ausgesprochen geeignet. Man muss bedenken, dass gerade Pferde im Tölt maximale Spannung im Rücken haben. Wird dieser dann in die Spannung hinein punktuell belastet, wird aus Spannung bald Verspannung.

ZÄUMUNGEN

Die Zäumungen der verschiedenen Rassen sind oft sehr von den Ursprungsländern beeinflusst. Es steckt viel Erfahrung hinter der Entwicklung und Verwendung dieser Zäumungen und jede wurde für einen bestimmten Zweck entwickelt. Dieses »Know how« kann für uns vor allem dann interessant sein, wenn wir unsere Tölter in Europa genauso präsentieren möchten, wie sie uns durch ihre Einzigartigkeit im

Saddler mit Saddler-Kandare.

Paso Finos bewegen sich meist typischer mit Löffelgebissen, den Fino-Bits.

Ursprungsland faszinieren. Jedes Gangpferd hat seine Gangspezialität, die oft erst mit Hilfe von speziellem Zubehör entwickelt und kultiviert werden kann, so wie es im Ursprungsland erdacht wurde. Beim Versuch, solche Pferde mit Wassertrense zu reiten, passieren keine großen Katastrophen, aber die rassetypischen Bewegungen und der Ausdruck werden oft gecpfert. Solche Pferde präsentie-ren sich wohl in allen Gängen korrekt, sind als Gangpferd, aber nicht mehr als typische Vertreter ihrer Rasse zu erkennen. Es ist toll, einen töltenden Lusitano zu sehen, aber deshalb soll z.B. ein Paso Fino nicht genauso gehen, sondern muss als Vertreter seiner Rasse durch rassetypische Bewegungen sofort erkennbar sein. Das macht ja gerade den Reiz der Rassenvielfalt im Gangpferde-bereich aus, dass jeder etwas Außergewöhnliches finden kann, aber jeder etwas anderes für außergewöhnlich halten darf. Die Merkmale der einzelnen Rassen und Schläge sind es würdig, erhalten zu werden.

Tatsache ist, dass man sich in den Ursprungsländern seit Generationen Gedanken um die beste Präsentation seiner Rasse macht. Meist bezieht sich das auf den professionellen Bereich, die Turnier-szene. Dort sieht man die edelsten Vertreter der Rasse in vollkommener Perfektion. D.h., die Pferde werden so gezeigt, wie man sie sich als Zuchtziel erdacht hat und um dies zu erreichen, entwickelte man entsprechende Zäumungen. In diesem Kapitel wird davon ausgegangen, dass das gewünschte Ziel von dafür begabten Pferden erwartet wird, dass also geschickt kultiviert wird, was als Anlage vorzufinden ist. Um den Begriff »Manipulation« wird es erst im vorletzten Kapitel gehen. Nochmals: Beliebt ist, was gefällt, solange es dem Pferd nicht schadet, sondern ihm das Erwünschte pferdgerecht näher gebracht wird. Ein Durchschnitts-vertreter (oder noch unter dem Durch-schnitt liegend) seiner Rasse darf keinesfalls zum Über-flieger gepusht werden (siehe Manipulation). Lieber läuft ein solches Pferd weiter mittelmäßig,

Teures Equipment ist nicht immer von Nöten, hat aber seinen Charme.

aber glücklich und lieber opfert man eben doch in diesem Fall das Idealbild seiner Rasse der Zufriedenheit des Individuums. Die meisten Menschen aber haben einen Grund, sich gerade für eine bestimmte Gangpferderasse zu entscheiden und meistens bezieht sich ihre Zuneigung auf die Gesamtausstrahlung der speziellen Rasse. Also wollen sie das Flair ihrer Pferde auch hier in Europa erhalten und wissen, wie sie mit ihrer Rasse mit welchem Mittel kommunizieren. Anhand von verschiedenen typischen Zäumungen soll hier Hilfe geleistet werden.

Wassertrense bzw. Snaffle Bit

Beide Gebisse bringen das Pferd bei normaler Handhaltung und entsprechendem Reiten gut dazu, den Weg nach vorwärts-abwärts zu finden. Das ist vor allem für Pferde unerlässlich, die eine etwas längere Mittelhand haben und deren Bewegungsmechanik in der Hinterhand eher untergreifend-flach über dem Boden ist. Für Pferde mit hoher Aufrichtung ist es zudem eine Maßnahme, das Pferd mit diesem Gebiss eher entspannen zu können (also auch gut geeignet für einen Schrittausritt). Sämtliche Biegeübungen, Flexen, Stretchen sollten, außer mit gebisslosen Zäumungen, im

Snaffle Bit gemacht werden. Auch das Ausbinden der Pferde beim Longieren erfolgt im Snaffle Bit. Bei höherer Handhaltung (das ist oft von Reitern im Tölt zu sehen) erzeugt man mit der Wassertrense (dem Snaffle Bit) eine höhere Kopfhaltung, jedoch wird das Pferd dazu neigen, die Nase deutlich vor die Senkrechte zu nehmen und die Gefahr, dass es den Rücken wegdrückt, ist somit eher gegeben. Außerdem kann die Trense in dieser Haltung nicht mehr korrekt wirken, da der Zügeldruck sich hauptsächlich auf die Maulwinkel auswirkt und nicht mehr auf die Laden. Pferde, die im Tölt sowieso flacher gehen dürfen (Missouri Fox Trotters z.B. oder Pferde die gut im Takt sind, aber freizeitmäßig geritten werden) brauchen hingegen ihr ganzes Leben lang kein anderes Gebiss. Wenn keine extra ausdrucksvolle Präsentation und Aufrichtung verlangt ist, wird die Wassertrense bei den meisten Pferden in der Freizeit ausreichen, zumal sie sich hervorragend für die Gymnastizierung der Pferde eignet, die bei jedem Pferd unerlässlich ist. Kein Peruaner muss z.B. mit einer teuren peruanischen Komplettausrüstung versehen werden, um reitbar zu sein. Grundsätzlich sind die im Westernreiten bekannten »Snaffle-Bits« der europäischen Was-

Snafflebit

D-Ring-Snaffle

Ledergebiss

sertrense vorzuziehen, da die meisten handgeschmiedet und der Anatomie des Pferdemauls angepasst sind. So fällt auch die gefürchtete Nussknackerwirkung weg. Das maulfreundliche Material besteht meist aus rostendem Eisen (Sweet-Iron) mit Kupfereinlage (Achtung: pflegebedürftig! Unebene Stellen im Material durch Gebrauch müssen mit Sandpapier abgerieben werden). Als Faustregel gilt, dass alle anderen Gebisse (Stangen und Kandaren) zur Verfeinerung der Hilfen und zur Perfektionierung von Bewegungsmechanik, Balance, Ausdruck und Haltung des Gangpferdes dienen.

Isländische Kandare

Die Isländische Kandare ist eben so eine Verfeinerungshilfe. Der Name ist im Prinzip falsch, weil es sich um ein einmal gebrochenes Gebiss mit Schenkeln (Anzüge) handelt. Eine Kandare hingegen setzt sich immer aus einem Stangengebiss mit dünner Unterlegtrense zusammen. Die Isländische Kandare wird bei Islandpferden eingesetzt, die

Islandkandare

gehorsam mit der Wassertrense gehen und gut mit ihr im Genick nachgeben (soweit das die jeweilige Halsung und die Isländerganaschen zulassen). Das Pferd muss taktsicher sein und darf also keine ständige Zügelkorrektur für den Takt benötigen. Auch Pferde, die noch viel Geschwindigkeitskontrolle über das Gebiss benötigen, sind nicht geeignet für die Kandare. Den besten Erfolg erzielt man mit dieser Zäumung bei leichttrittigen, taktklaren Pferden, die viel Aufrichtung haben. Hier kann man mit feinen Signalen (Annehmen und deutlichem Nachgeben!) am lockeren Zügel Takt und Losgelassenheit des Pferdes perfektionieren. Dressurarbeit sollte jedoch nicht mit diesem Gebiss gemacht werden (siehe Wassertrense).

Peruanische Zäumung

Wie das Foto zeigt, gehört die Peruanische Zäumung zu den aufwendigsten und schönsten überhaupt. Sie erinnert etwas an die Westernzäumungen des altkalifornischen Stils. So findet man auch hier das Bosal in Kombination mit dem Stangengebiss und auch die Zügel »riendas« sind dem Prinzip der kalifornischen Romal-Zügeln gleich. Die Anwendung unterscheidet sich nun auch

nicht sehr vom altkalifornischen Reitstil. Man reitet sein Pferd in natürlicher Aufrichtung und bildet es soweit aus, dass einhändig minimale Signale am schweren aus rohhautgeflochtenen Zügel auf die Gebissstange geleitet werden (z.B. um das Pferd an Versammlung zu erinnern oder um anzuhalten). Beides, Gebissstange und schwerer Zügel, bilden eine Balanceinheit. Die Stange ist so gearbeitet, dass das Pferd den Kopf nicht in der Senkrechten halten muss. Der Peruanische Paso trägt den Kopf hoch (höchster Punkt ist das Genick, wie in jeder Reiterei), aber nicht in Dressurhaltung. Oft sind die Hälse eher kurz und mächtig mit guter Aufrichtung, was dem Peruaner den erwünschten arroganten Ausdruck verleiht. Würde man nun die Nase zu sehr hereinarbeiten, könnte sich das bei vielen Pferden negativ auf die freie Vorhandbewegung auswirken. Das Pferd tritt nur dorthin, wo die Nase hinzeigt. Bei entsprechend langer, leichterer Halsung mit genügend Ganaschenfreiheit plus Aufrichtung ist jedoch die Kopfhaltung in der Senkrechten durchaus möglich (und auf europäischen Turnieren unter europäisch beurteilenden Richtern auch erwünscht. Der Kopf kommt so jedoch tiefer). Es muss deutlich wiederholt werden, dass

Peruanischer Zaum.

Peruanisches Bosal.

der Peruanische Paso auch ohne spezielles Zubehör geritten werden kann! Die Züchter und Besitzer dieser Pferde zeigen aber gern in der Öffentlichkeit ihre Pferde traditionell, um ein wenig das südamerikanische Flair dieser Pferde zu unterstreichen und um die Leichtigkeit des südländischen Lebens zu demonstrieren. Pasoreiten ist ein bisschen eine Lebenseinstellung. Aber auch, um die Feinheiten in Takt und Balance der Pferde besser steuern zu können, ist zumindest das Peruanische Bosal oder auch die Gebissstange zu empfehlen. Für

den leichten Umgang mit dem Pferd auf langen Strecken ist dieses Zubehör entwickelt worden und somit sinnvoll bei entsprechender Vorbereitung der Pferde. Auch Pasos können nicht einfach ohne Vorkenntnisse auf Stange gezäumt werden. Sie werden zunächst gebisslos im Bosal ausgebildet. Dann folgt eine Bosalphase, in der das Gebiss zusätzlich zur Gewöhnung ins Maul gehängt wird. Anschließend setzt man nach und nach das Gebiss mit dem schon bekannten Bosal zur Hilfengebung ein, bis das Bosal eines Tages ganz weg-

fällt. Die Bosalzügel des Peruanischen Bosals werden ähnlich wie beim Kappzaum über dem Nasenrücken eingeschnallt. So hat das Pferd kaum die Möglichkeit, die Nase gegen die Zügelhilfe nach außen zu richten, sondern muss der Reiterhand folgen. Es darf nie anhaltender Zug auf dem Bosal entstehen. »Pull and release« wie die amerikanischen Trainer predigen. Also annehmen und sofort nachgeben. Der Zügel wird auf Spannung gebracht, dann wird gezupft und sofort wieder losgelassen. Oft ist vielmaliges Zupfen hintereinander nötig. So bekommt das Pferd keine Möglichkeit, sich gegen die Reiterhand zu lehnen. Optisch weniger anziehend, aber ausreichend sind kolumbianische Bosals oder normale Lederzäume plus Trense oder Stange (auch mit peruanischer Stange). Das schont erheblich das Portmonee und das Pferd wird trotzdem reitbar sein.

Beim Paso Fino ist zu bedenken, dass er sich anders bewegt als der Paso Peruano, nach USA und Europamaßstäben eine größere Bandbreite der Bewegungen aufweist, ohne jedoch jemals den Raumgriff des Peruaners zu entwickeln. Nochmals zur Erinnerung die drei Tölttypen des Paso Finos: Classic-Fino, Performance-Typ und Pleasure-Typ. Die Gebisse wurden daher sehr vielfältig entwickelt.

Kolumbianisches Bosal und Fino-Bits

Kolumbianisches Bosal: das Nasenband kann man von zwei Seiten nutzen – hier sind die Noppen außen.

Der Paso Fino wird erst im Kolumbianischen Bosal ausgebildet, bis er flexibel im Genick ist und reaktionsschnell und gehorsam am losen Zügel auf leichteste Bosalhilfen reagiert. Dann wird auch hier die Bosal-Gebissphase angewandt und später nur noch mit Gebiss geritten. Das Kolumbianische Bosal wird dann enger verschnallt und dient als Sperrriemen. Er wird benötigt, da

alle »Fino-Bits« Löffelgebisse sind mit mehr oder weniger Hebelwirkung. Der Löffel bewirkt, dass die Zunge unter dem Gebiss bleibt. Paso Finos neigen dazu, in höchster Konzentration sehr agil mit der Zunge zu werden und legen sie mehr als andere Pferde über das normale Gebiss und teilweise selbständig wieder darunter. Es ist keine Abwehrreaktion gegen die Zügelhand, sondern

eine Eigenheit dieser Pferde. Ein weiterer Grund für die Löffel (Spoons) ist, dass so der Druck der Reiterhand nicht sehr stark auf die empfindlichen Laden des Pasos wirkt, sondern über den Löffel zusätzlich auf der Zunge verteilt wird, die wie ein Puffer wirkt. Je nach Länge und Winkelung des Löffels, kann er bei Zügelanzug gegen den Gaumen drücken und das Pferd daran erinnern, den

Paso Fino im Bit: das Bosal dient als Sperrhalfter.

chene Gebisse) mit den verschiedensten Schenkelwinkeln und -längen sind als Fino-Bit erhältlich. Die Art des Gebisses wird nach Körperbau, Temperament, Gangspezialität und Einsatzbereich gewählt. Die meisten Pasos sind lange im Bosal zu reiten. Will man aber Balance und Gang verbessern und vor allem »Hocks« (Hinterhandaktion) entwickeln, benötigt man ein passendes Fino-Bit. Mit einem Snaffel-Bit ist ein wirklich typisches Gangbild beim Paso Fino nicht zu erreichen. Es ist gut für Gymnastizierung, Flexen und um zwischendurch das Pferd nach vorwärts-abwärts zur Entspannung zu reiten und/oder Rückenmuskeln zu bilden. Im Dauergebrauch aber erweist es sich als »Hock-Killer«. Das Fino-Bit (vorausgesetzt es ist das richtige für das jeweilige Pferd!) wird langfristig immer das bessere Instrument sein, um die Balance und »Quickness« beim Pferd zu verbessern.

Ebenso vielfältig sind die Bosals, die sehr unterschiedliche Nasenteile aus Leder oder Metall haben können sowie auch recht unterschiedliche Kinnstücke (Barbada). Das Kolumbianische Bosal wird mit Doppelzügel geritten. Die Zügel werden so eingehängt, wie auf dem Foto beschrieben. Hat das Pferd gelernt, seitlichen Impulsen nicht nur mit dem

Kopf in der Senkrechten zu halten. Diese Haltung wird beim Paso Fino immer angestrebt. Die Schulter des amerikanischen Paso Finos ist oft steiler als beim Peruaner und die Muskeln sind recht kurz. Der Paso Fino hat so keine hohe, weite Vorhandbewegung, keinen gleitenden Raumgriff. Die Geschwindigkeit erreicht er über eine höhere Schrittfrequenz (Performance und Pleasure), bis sehr hohe Schrittfrequenz (Classic-Fino). Er benötigt seinen Hals-Kopf-Bereich daher nicht so sehr als Balancestange und kann recht fixiert und in Versammlung laufen, ohne Bewegung einzubüßen. Im Gegenteil, hilft ihm diese Haltung eher, das gewünschte Präsentationsbild zu erreichen. Unzählige Mundstücke (meist Stangen, aber auch einfach und doppelt gebro-

Die Umstellungsphase vom Bosal zum Bit mit Doppelzügel.

Kinnkette am Fino-Bit.

Zügel, sondern vor allem (in korrekter Biegung!) den Gewichts- und Schenkelhilfen zu folgen, wird nur noch der Barbadazügel (Zügel am Kinnstück) benötigt. Er bleibt auch in der Umstellungsphase auf das Gebiss Signalgeber. Als Faustregel gilt, umso breiter die Auflagefläche des Nasenteils, umso milder wirkt es (wenn die Reiterhände es zu bedienen wissen). Gerade am Beginn der Ausbildung aber ist es notwendig, dem Pferd den Respekt vor dem Druck auf der Nase zu verdeutlichen. Es muss lernen, dem Druck nachzugeben und sich nicht dagegen zu lehnen, auch nicht in Wendungen oder beim Flexen. Oftmals beginnt man also mit punktueller Auflage (auch Metall) und kann dann bei Erfolg auf ein breiteres Nasenteil übergehen. Die Barbada (Kinnstück) bewirkt den gewünschten Grad der Versammlung. Durch sie lernt das Pferd auch beim Anhalten den Kopf in der Senkrechten zu belassen. Die meisten Pasos benötigen mehr Druck auf ihr, also unter dem Kinn, als über der Nase. Die Barbada besteht in der Regel aus Leder, das nun noch zusätzlich mit Garn aus weichem oder extra hartem Material umflochten sein kann, je nachdem, wie viel Druck sie erzeugen soll. Die Barbada wird so geschnallt, dass sie weder zu locker schlabbert noch dass sie fast ganz am Unterkieferbereich anliegt. Es muss beim signalartigen Straffen des Zügels gleich

Töltender Traber in altkalifornischer Zäumung mit Romalzügeln und Stangenbit.

oben: *Fino-Bit mit Kupferrollen und Schenkeln, in dieser Form geeignet für Pferde mit eher dickem Hals und wenig Ganaschenfreiheit.*
links: *Paso-Fino-Bit mit kurzem Schenkel, wenig Hebelwirkung und Spoon – geeignet für junge Pferde mit guter Halsung.*

Pasc mit Stange (kein Löffelgebiß).

Fino-Bit zur kurzfristigen Korrektur (sollte nur in Profi-Hände).

LTJ-Gebiss (immer mit Doppelzügel reiten).

zu einer Berührung kommen, die mit dem anschließenden sofortigen Nachgeben beendet werden kann. Das rechtzeitige Nachgeben ist der Schlüssel zur Feinheit des Pasos. Wird der Druck nicht sofort gelöst, geht das Pferd dagegen und lernt nie respektvoll nachzugeben.

Nochmals muss wiederholt werden, dass mehrmaliges Zupfen mehr Sinn macht, als einmaliges durchhaltendes Annehmen, bis das Pferd irgendwann nachgibt (wenn es das dann überhaupt tut). Betrachtet man die eigenen Oberarme im Verhältnis zur Halsmuskulatur des Pferdes, wird

wohl jedem klar sein, wer diesen Ziehkampf im Zweifelsfall gewinnt.

Stangen-Bit (Stange mit Latex umwickelt).

Billy-Allen-Western-Bit: die Schenkel können achsengerecht bewegt werden.

Missouri Foxtrotter mit LTJ-Bit.

Palo

Eine weitere südamerikanische Spezialität ist der »Palo«, ein Longierpfosten, der fest in die Erde betoniert ist. Er ragt etwa 2 m hoch und meist sind am oberen Ende kleine Festbinderinge angebracht. Jungpferde werden hier

z.B. angebunden und können sich am runden Pfosten auch dann nicht verletzen oder sich im Strick verhängen, wenn sie steigen oder sich anderweitig gegen das Angebundensein wehren. Als Longierpfosten leistet er gerade dort sinnvollen Dienst, wo heftige (oder schlichtweg verzogene!)

Pferde sich anfangs gegen das Longieren auflehnen. Sie lernen, dass sie sich selbst behindern, sobald sie versuchen, nach außen zu rennen oder rückwärts ziehen. Der Longerführer kann nicht wie oft zu beobachten durch die Halle gezogen werden und das Pferd hat keine Möglichkeit, die Longe

Arbeit am Palo.

durch die Hand zu ziehen. Gedacht ist der Palo im Prinzip wieder für in den Ursprungsländern gezogene Pferde, die so aufgezogen werden, wie schon vorher beschrieben. Es muss bei diesen nicht oder kaum angefaßten Pferden der Eindruck entstehen, dass sie sich in keiner Weise entziehen können, ihnen aber trotzdem nichts geschieht. In Europa erfüllt er seltener gerade diese Aufgabe, aber er hilft der longierenden Person, das Pferd auf der Zirkellinie zu halten und den Respekt vor gebissloser Zäumung zu schulen. Anschließend kann dann »normal« longiert werden und man kann sich besser auf das Touchieren der Hinterhand konzentrieren, leichte Tempowechsel ausführen lassen oder das Anhalten verlangen. Wenn man das Aussacken in sein Ausbildungsprogramm integrieren will, ist der Palo wieder eine Anbinde-möglichkeit, die dem Pferd garantiert, sich nicht zu verletzen.

Kandarenzäumung (Saddler)

Bei den American Saddlebred Horses sieht man sehr häufig Kandarenzäumungen. Diese Pferde werden jedoch vorher immer mit dem Snaffle-Bit ausgebildet. Es wird lieber ein dünnes als ein dickes Mundstück gewählt. Man

Saddlebred Horse mit Trensenzaum.

Kandarenzäumung mit Kinnkette beim Saddler.

möchte ein Pferd, das am lockeren Zügel willig den Hilfen folgt. Gibt der Reiter über das Snaffle Druck im Maul, soll dieser punktuell sein, damit das Pferd ihm rasch nachgeben will. Tut es dies, geht der Druck sofort weg. Wenn das Pferd mit Snaffle Bit fein den Hilfen folgt und es bereits gymnastiziert ist und alle Gangarten unter dem Sattel geht, kann es ohne weiteres mit dem Snaffle weiter geritten werden. Und das wird es auch im Normalfall! Möchte man nun aber die Balance des Saddlebred Horses verbessern und eine für das Turnier korrekte Kopfhaltung erreichen, so verfeinert man die Snafflewirkung mit einer Kandare. Eine ganz dünne Unterlegtrense wird mit einer Stange (meist gerade Anzüge), die in der Mitte einen Highport (Zungenfreiheit, die flach/breit bis hoch/schmal verlaufen kann) aufweist, kombiniert. Es ist darauf zu achten, dass die Kinnkette eher eng verschnallt wird, gerade dann, wenn der Highport hoch ausfällt. Ist sie zu locker, kippt der Highport gegen den Gaumen, die Anzüge gehen zu weit zurück und das Pferd erhält keine Hilfe mehr, sondern Schmerz. Bei korrekter Verschnallung hingegen reichen Millimeterbewegungen der Reiterhand, um eine feine Wirkung am losen Zügel zu erzielen. Die handelsübli-

Perfekter Sitz für den Saddler im Turniersport.

chen Kandaren für das Dressurreiten sind anders gearbeitet und für die ständige (aber leichte) Zügelanlehnung gemacht. Die Handhabung ist daher unterschiedlich. Die korrekte, hohe Kopfhaltung der Saddler in den USA verlangt Ausdruck. Die Nase darf gerade im Rack leicht vor der Senkrechten sein. In Europa wird dagegen auf Turnieren ein »rundes« Pferd erwartet (also auch die Nase in der Senkrechten). Der Hals kommt so tiefer und das Saddlebred präsentiert sich nicht ganz so stolz wie seine USA-Verwandten, aber dennoch äußerst beeindruckend. Diese Rasse Pferd ist hoch sensibel und ebenso zu reiten. Spitzenpferde haben wie die Spitzen-Paso Finos eine hohe psychische Spannung bei der Arbeit. Auch sie gehen keinen schreitenden Schritt, sondern Animated Walk. Auch diese Pferde haben Hock Action der Hinterhand. Diese Besonderheiten lassen sich am besten zu einer showreifen Harmonie kultivieren mit den eben beschriebenen Kandaren. Mit ihnen temperamentvolle Pferde gefügig machen zu wollen, wäre unsinnig und die Spezialitäten dieser Rasse würden nie zu Tage treten. Saddler, die nicht willig im Snaffel-Bit gehen,

Kandare mit Unterlegtrense.

werden noch schlechter mit Kandarenzäumung. Nur eine sorgfältige Vorarbeit macht das Pferd kandarenreif. Somit ist also auch umgekehrt jedes »Kandarenpferd« im Alltag mit Snaffle Bit zu reiten. Bemerkenswert in der Saddlebred-Turnierszene ist der auffällige Sitz der Reiter, die korrekte Handhaltung, die vorgeschriebene Art, die Gerte zu tragen, die gewünschte Fußhaltung. Nirgends sonst in der Gangpferdeszene wird derart viel gesteigerten Wert auf den für die Szene typischen bis ins Detail vorgeschriebenen Sitz gelegt.

Die meisten Gangpferdereiter wollen gute Freizeitpferde.

Klarer Viertakt – natürlich,

Golden Boy.

kultiviert, manipuliert.

Zum Thema Taktreinheit.

Bei den meisten Gangpferderassen wird der Idealfall, also der klare Viertakt im Tölt angestrebt. Wie schon erwähnt, bilden einige Rassen hier eine Außnahme, aber auch bei ihnen gibt es klare Vorstellungen über das angestrebte Gangbild. Auch wenn der Tölt bei den Gangpferderassen genetisch fixiert ist und sogar bei nicht typischen Rassen vereinzelt wieder auftritt, ist es kein Geheimnis, dass die wenigsten Pferde von Natur aus lupenreinen Viertakt anbieten. Wenn man also von einem Gangpferd spricht, meint man ein Pferd, dass Tölt genetisch fixiert in sich trägt, Tölt eventuell auch frei auf der Wiese zeigt, aber man hat noch keine Aussage über die Tendenz des Tölts zu Paß oder Trab.

Diese Tendenz gilt es zu kultivieren, nämlich in Richtung Taktreinheit.

Gewichtige Beeinflussung des Taktes

Das kann man nun über Gymnastizierung, hohe oder extrem langsame Geschwindigkeit und man kann dem Pferd mit Gewichtshilfen an den Beinen zu besserer Balance verhelfen. Glocken, Ballenboots oder Gewichtsringe aus Leder können solche Hilfe leisten. Manchmal reicht schon ein taktiler Reiz (Berührungsreiz), um z.B. die Vorhand zu veranlassen, höher und weiter zu treten. Sogenannte »Tapes« werden auf die Hufkrone geklebt und bewirken diese Reaktion. Der Erfolg hängt also keineswegs immer vom Gewicht an den Beinen ab. Bei Sportlern hat man z.B. Tapes über den Nasenrücken geklebt, um eine verstärkte Atmung und somit eine bessere Sauerstoffversorgung zu erreichen. Man erzielte beste Erfolge. Natürlich darf kein Gewöhnungseffekt eintreten. Solche Dinge sind also immer sehr dosiert und kurzzeitig einzusetzen, um zum gewünschten Ziel zu kommen. Auch die altbekannten unterschiedlichen Beschläge gerade im Islandpferde-Bereich haben nach wie vor ihre Wirkung. Paßveranlagte Pferde werden vorne schwerer beschlagen, hinten leichter oder gar nicht. Bei eher trabigen Pferden beschlägt man genau umgekehrt. Der schwerere Huf wird höher gehoben und braucht länger, bis er wieder aufgesetzt wird. Die Auffußung wird also verzögert und somit der Takt in die gewünschte Richtung verschoben. Jedes Gewicht an der Vorhand bewirkt natürlich mehr als an der Hinterhand, da die Vorhand frei schwingen kann. Um die Hinterhand wirklich nachdrücklich durch Gewichtsveränderung zu beeinflussen, benötigt man deutlich über 250 g, während an der Vorhand oft schon 80 g ausreichen, um höhere oder weitere Bewegung zu erzeugen. Ein extrem leichter Beschlag oder kein Beschlag ist dort sinnvoll, wo die Pferde eher kurz und schnell auffußen sollen (z.B. Classic-Finos). Das alles ist

Lederringe: mehr taktiler Reiz als Gewicht.

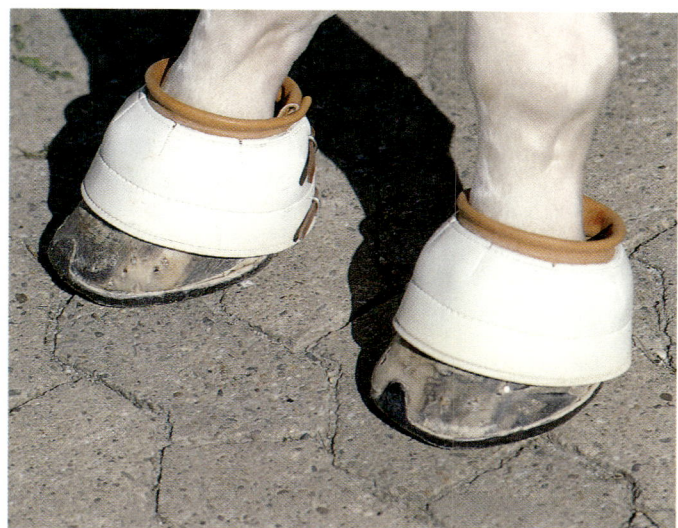

Glocken.

wickeln Verhaltensauffälligkeiten, die sie für den Nicht-Profi schwierig bis unregulierbar machen und also bestenfalls über einen kurzen Zeitraum die Illusion vom Überflieger geben. Ein durchschnittliches Pferd einer Rasse kann ein gutes Pferd sein, es entspricht nur nicht dem obersten Ideal. Das macht es dennoch freizeitfähig und sehr oft sogar auf Turnieren in entsprechenden Klassen erfolgreich. Es liegt aber eben deutlich unter dem Verkaufswert z.B. seines Vaters.

Was ist Manipulation und wer begeht sie?

Manipulation wird in der Regel dort betrieben, wo Geld um jeden Preis gemacht werden soll oder aber auch dort, wo es um krankhaften Ehrgeiz nach Anerkennung geht, wo Konkurrenz nicht als Belebung, sondern als Feindbild behandelt wird. Man muss nicht erst in die Ursprungsländer unserer Gangpferde schauen, um solche Missstände und Manipulationen kennen zu lernen. Zudem werden viele Ideen sogar von dort gern übernommen und in Europa umgesetzt. Typische Manipulationen der Ursprungsländer sind z.B. die Plateau-Schuhe der Tennessee-Walker in den USA-Shows (die

durchaus im »grünen Bereich« und ist als Kultivierungsmaßnahme akzeptabel, genauso wie Hilfszügel aus dem Western- oder Englischbereich, wenn sie dem Pferd den richtigen Weg zeigen und dann wieder weggelassen werden.

WO IST DIE GRENZE?

Um Kultivieren von Manipulieren zu unterscheiden, muss man sich grundsätzlich im Klaren darüber sein, dass die individuelle Veranlagung des Gangpferdes, also seine Möglichkeiten und seine

Grenzen, unbedingt erkannt und beachtet werden müssen. Des Züchters Schicksal sind in der Regel durchschnittlich veranlagte Pferde auch bei exzellenter Anpaarung. Aus diesen Pferden nun trotzdem Bewegungskoryphäen machen zu wollen, kann nur über das beschriebene Maß hinausgehen und gipfelt also in Manipulation. Solche Pferde erleiden oft körperliche Schäden, weil ihr Körper normalerweise nicht für die verlangten Extreme gemacht war. Vor allem aber sind die meisten durchschnittlichen Pferde der psychischen Belastung nicht gewachsen, wenn sie Dinge tun müssen, für die sie einfach nicht konstruiert sind. Sie ent-

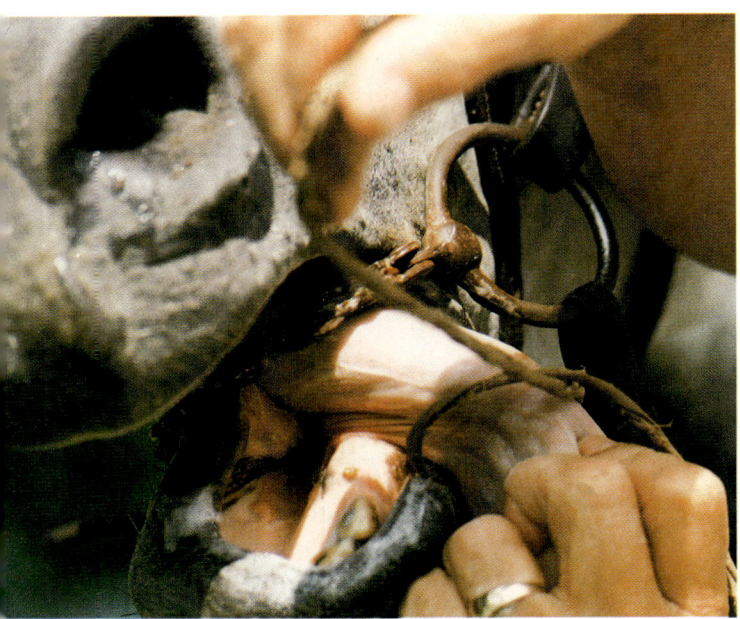

Zu diesem Preis will niemand Leistung, der nicht den Erfolg sondern die Kreatur liebt.

dann hier in Europa schwieriger und schwieriger werden und vom Normalreiter nicht mehr stressfrei zu handhaben sind, rächt sich ein solcher Import eben doch. Es gibt aber auch Europäer, die nicht davor zurückschrecken, Pferde physisch wie psychisch in beschriebener Art und Weise zum vermeintlichen Erfolg zu zwingen. Der »Spanische Reiter« ist allerdings in diesem Zusammenhang viel diskutiert worden, jedoch offensichtlich missverstanden. Durch ihn hat noch nie ein nicht töltveranlagtes Pferd getöltet. In kundiger Hand (und davon gibt es durchaus mehr als eine Person) ist er ein legitimes Hilfsmittel, um ein gangveranlagtes Pferd zu schulen. Kein Laie würde wohl ernsthaft an den Gebrauch dieses Gerätes denken. Es wurde vorher dafür plädiert, die typischen Gangpferdepoints einer Rasse zu erhalten. Das ist realisierbar, indem jedes Pferd seinen Möglichkeiten entsprechend geschult wird und nicht aus einem Isländer ein Saddler gemacht werden soll und auch nicht ein »Überflieger-Isi«, wenn er eben ein Freizeittölter ist. Die Nachfrage regelt aber das Angebot und so liegt es an jedem Gangpferdeinteressenten selbst, wohin sich die Gangpferdeszene entwickelt und wie die Situation der Pferde sein wird. Der kritische, fragende und beobachtende

Szene in Europa distanziert sich jedoch erfolgreich und entschieder davon!), Pferde, die mit Fahrradketten im Maul malträtiert werden, die manipulierten Schweife und ebenfalls Hufe der Saddler in USA (gibt es in Europa auch nicht!), die künstlich gelähmten Schweife der Paso Finos (um das Schweifschlagen in der Show zu verhindern, USA, Kolumbien), die oft mit 1 1/2 Jahren (maximal 2 1/2 Jahren) angerittenen Pferde, wei hoch veranlagt, die Fohlen, die schon am Palo ausgesackt werden und psychische Schäden erlei-

den. Bitte: das alles ist auch in den Ursprungsländern nicht überall an der Tagesordnung! Es gibt viele, viele andere Züchter und Trainer. Das alles liegt auch nicht automatisch in der Gesamtmentalität eines Landes, sondern ist wohl mehr eine Charakterfrage des einzelnen Menschen. Denn es ist bekannt, dass bewusst so behandelte Pferde importiert werden, weil sie sich in entsprechend gewünschter spektakulärer Gangmanier bewegen. Keiner fragt dann mehr, wie das Ziel erreicht wurde. Aber wenn solche Pferde

Käufer ist gefragt. Wer sich von purer Show beeindrucken lässt, ohne zu hinterfragen, wird Manipulation letztendlich selber mit zu verantworten haben. Eine gute Selbsteinschätzung und Beurteilung der eigenen reiterlichen Möglichkeiten und Ziele kann mehr gegen Manipulation tun als entsetzte Leserbriefe in Fachzeitschriften. Der Gangpferdeinteressent hat es selbst in der Hand.

Arbeit auf dem Platz ist für das Freizeitpferd mehr und besser als jede Manipulation.

Das Gangpferd...

... und seine

Einsatzbereiche.

Wenn jeder Pferdefreund
sich einmal fragt, weshalb
er sich gerade für das Pferd
entschieden hat und nicht
vielleicht für Fechten,
Fußball, Töpfern oder die
Politik, dann erhält er
(vorausgesetzt er ist ehr-
lich zu sich selbst) eine
Antwort, die ihm seine
eigene Persönlichkeit etwas
näher bringt.

In den Augen der Pferde spiegeln sich die Seelen der Menschen.

Sie entscheiden selbst!

Also einmal abgesehen von den technisch möglichen Einsatzbereichen des Gangpferdes kann man den persönlichen Bedarf am Pferd für sich selbst analysieren und finden, wofür es im eigenen Leben steht. Folgende Fragen können hierfür hilfreich sein: Was ist es, das mich am meisten am Pferd reizt? In welcher Lebenssituation habe ich mich zum eigenen Pferd entschlossen und welche Pferdepersönlichkeit habe ich erhalten? Was beeindruckt mich am Gangpferd? Welche Erwartungen verspricht es zu erfüllen, die andere Pferde nicht zu erfüllen scheinen? Welches Erscheinungsbild stelle ich mir vor und welches Temperament? Wenn man jede dieser Fragen beantwortet und nun versucht, eine Verbindung zur eigenen Person herzustellen, werden Parallelen oder Gegensätze deutlich. Man sucht ein Pferd ebenso wenig zufällig heraus wie den eigenen Lebenpartner und legt es ebenso wenig zufällig ab. Sich für ein Pferd und seinen Einsatzbereich im eigenen Leben zu entscheiden, ist etwas stark Emotionales und Intimes. Wer entscheidet sich für so ein Tier hauptsächlich kopflastig, weil eine Art der Reiterei logisch gedacht erwählt wird? Wie viele Kind- und Partnerersatz-Pferde bewohnen die Ställe? Wie viele Kratzer am Pferd, die mit übertriebener Fürsorge behandelt werden stehen für die eigene Verletztheit? Wie viele Pferde, Gangpferde stehen für ein gewisses Flair, ein Image, ein Lebensgefühl, das man mitkaufen will, für das man einem Verein beitritt, einen Autoaufkleber hat? Das alles hängt von der eigenen Person ab, die letztendlich den Einsatzbereich des jeweiligen Pferdes durch die eigenen Bedürfnisse festlegen wird. Es sei nochmals betont, dass es nicht um Bewertung dieser Dinge geht! So lange das Pferd wie eines leben kann und keinen Schaden nimmt, gibt es keinen guten Grund für oder gegen menschliche Bedürfnisse zu sein. Jeder sollte aber die eigenen kennen, überprüfen und daraus das Beste machen. Das ist der einzige Weg zum Schutz unserer Pferde und von (vor) uns selbst. Das Geschenk unserer Pferde ist, dass wir Beziehungen zwischen völlig verschiedenen Lebewesen erleben dürfen und aus diesen Beziehungen Wesentliches über uns erfahren können. Sicherlich ist dies der wichtigste Einsatzbereich des Gangpferdes.

Missouri Foxtrotter.

Nie vergessen! Bilder wie dieses haben uns zu den Pferden und zum Reiten gebracht.

Die vielseitigen Gangpferde

Gangpferde sind grundsätzlich überall einsetzbar. Sie sind auf Wanderritten, Distanzen, auf dem Turnier, dressurmäßig geritten wie unter dem Westernsattel zu finden. Sie befriedigen die Bedürfnisse des Freizeitreiters, des Reit-anfängers, des Sportreiters und des Profis. Sie bestechen in Shows und täglich im eigenen Auslauf. Man liebt sie oder meint, sie laufen komisch. Vorbei kommt an ihnen keiner mehr. Jede Rasse hat ein oder mehrere Interessen-gemeinschaften in Europa und im Ursprungsland. Für jede Rasse finden in der Regel rassespezifische Veranstaltungen statt, aber auch allgemeine Gangpferdeveranstaltungen. Ausschreibungen hierfür findet man regelmäßig in den großen Fachzeitschriften oder direkt bei den Rasseverbänden. Und nun viel Spaß mit Gangpferden!

Gewachsenes Vertrauen macht Pferd und Reiter Spaß.

Danksagung

Ohne Euch hätte dieses Buch nicht entstehen können. Daher vielen Dank für Eure Liebe, die Geduld, die tatkräftige Unterstützung, die Hintergrund-informationen, das zur Verfügungstellen der Pferde, die Präsenz auf Fotos und für die fotografische Kunst:

Eckhard Saupp (Lebenspartner)
Ingrid Roos (Co-Trainerin und Freundin)
Marion Felbinger (Westernreiterin und Freundin)
Renate und Bernhard Casper (Computertechnische Unterstützung und Freunde)
Petra Herrmann (Besitzerin der Pasos in den Trainingssequenzen)
Erich und Marga Lunz (Paso-Peruano-Gestüt »Rancho Exqusitas«)
Kai Otte und Nora von Gersdorf (Paso-Peruano-Gestüt »Oberadelhof«)
Plaza de Trèbol
Familie Homann-Sibbe (Züchter Peruanischer Pasos argentinischer Herkunft)
Plaza Paso Fino-Gestüt Wiesenfelden (stimmungsvolle Fotos mit Paso Finos)
Lisa Rosenberger (American-Saddlebred-Horse-Züchterin und Gangpferdetrainerin)
Christiane Slawik (Profifotografin)

Grundsatz Eins

Wer auch immer sich mit dem Pferd beschäftigt, übernimmt die Verantwortung für das ihm anvertraute Lebewesen.

Grundsatz Zwei

Die Haltung des Pferdes muß seinen natürlichen Bedürfnissen angepaßt sein.

Grundsatz Drei

Der physischen wie psychischen Gesundheit des Pferdes ist unabhängig von seiner Nutzung oberste Bedeutung einzuräumen.

Grundsatz Vier

Der Mensch hat jedes Pferd gleich zu achten, unabhängig von dessen Rasse, Alter und Geschlecht sowie Einsatz in Zucht, Freizeit oder Sport.

Grundsatz Fünf

Das Wissen um die Geschichte des Pferdes, um seine Bedürfnisse, sowie die Kenntnisse im Umgang mit dem Pferd sind kulturgeschichtliche Güter. Diese gilt es zu wahren und zu vermitteln und nachfolgenden Generationen zu übermitteln.

Grundsatz Sieben

Der Mensch, der gemeinsam mit dem Pferd Sport betreibt, hat sich und das ihm anvertraute Pferd einer Ausbildung zu unterziehen. Ziel jeder Ausbildung ist die größtmögliche Harmonie zwischen Pferd und Mensch.

Grundsatz Sechs

Der Umgang mit dem Pferd hat eine persönlichkeitsprägende Bedeutung gerade für junge Menschen. Diese Bedeutung ist stets zu beachten und zu fördern.

Grundsatz Acht

Die Nutzung des Pferdes im Reit-, Fahr- und Voltigiersport muß sich an seiner Veranlagung, seinem Leistungsvermögen und seiner Leistungsbereitschaft orientieren. Die Beeinflussung des Leistungsvermögens durch medikamentöse sowie nicht pferdegerechte Einwirkung des Menschen ist abzulehnen und muß geahndet werden.

Grundsatz Neun

Die Verantwortung des Menschen für das ihm anvertraute Pferd erstreckt sich auch auf das Lebensende des Pferdes. Dieser Verantwortung muß der Mensch stets im Sinne des Pferdes gerecht werden.

Herausgeber:

„Die ethischen Grundsätze des Pferdefreundes" wurden 1995 von der Deutschen Reiterlichen Vereinigung (FN) erarbeitet und vom Verbandsrat verabschiedet.

Know-how für die Freizeit im Sattel

Selma Brandl
Harmonie im Sattel
Der richtige Umgang mit dem Pferd, seine artgerechte Haltung, die Ausbildung von Pferd und Reiter in allen Reitweisen – mit vielen Abbildungen, die die Faszination der Pferde und des Reitsports eindrucksvoll vermitteln.

Katharina von der Leyen
Charakterpferde
Alles für die richtige Auswahl: die Charakterbilder von 50 Pferderassen – brillant beschrieben, pointenreich, fesselnd, fundiert; mit Checkliste zu jeder Rasse: Aussehen, Verwendung, Haltung und Eigenschaften.

Jackie Budd
Pferde besser verstehen
Die Natur des Pferdes besser verstehen: Instinktverhalten und Evolution des Pferdes, Charakterzüge und Verhaltensweisen, Lernverhalten, Intelligenz und Ausbildung.

BLV Pferdepraxis
Birgit Neuhaus
Freizeitpartner Pferd
Rund um die aktive Freizeitgestaltung mit dem Pferd: beliebte Pferderassen für Freizeitreiter, geeignete Reitweisen, Grundbegriffe zum Fahren, Grundlagen der artgerechten Pferdehaltung.

BLV Pferdepraxis
Kerstin Diacont
Die Reiterhilfen für Anfänger
Die harmonische Verständigung mit dem Pferd: Grundkenntnisse für die Zusammenarbeit, theoretisches und praktisches Basiswissen über die Hilfengebung für alle Reitstile.

BLV Pferdepraxis
Kerstin Diacont
Das Problempferd
Die Ursachen von Problemen und Untugenden beim Pferd, grundsätzliche Richtlinien für den Reiter, Praxisbeispiele für erfolgreiche Korrekturmöglichkeiten.